Renate Brückner/Ulrich Höffer/Ursula Weber

Training Deutsch

Aufsatz

Analyse und Interpretation literarischer Texte

9./10. Schuljahr

Ernst Klett Verlag
Stuttgart Düsseldorf Leipzig

9 783129 270349

Bibliographische Information Der Deutschen Bibliothek
Die Deutsche Bibliothek verzeichnet diese Publikation in der Deutschen Nationalbibliographie; detaillierte bibliographische Daten sind im Internet über http://dnb.ddb.de abrufbar.

Auflage 4. 3. 2. 1. | 2007 2006 2005 2004
Dieses Werk folgt der reformierten Rechtschreibung und Zeichensetzung. Ausnahmen bilden Texte, bei denen künstlerische, philologische oder lizenzrechtliche oder andere Gründe einer Änderung entgegen stehen.
Die letzten Zahlen bezeichnen jeweils die Auflage und das Jahr des Druckes.

Internetadresse: http://www.klett.de
Zeichnungen: Andreas Florian, Lübeck
Umschlaggestaltung: Klett Marketing Design, Stuttgart
Umschlagfoto: Thomas Weccard, Ludwigsburg
Innenlayout: beluga design, Stuttgart
Satz: Klaus Bauer, Bondorf
Druck: Druckhaus Beltz, Hemsbach
Printed in Germany
ISBN 3-12-927034-5

Inhalt

Vorwort

Liebe Schülerin, lieber Schüler,

dieses Buch will dir helfen, die Analyse und Interpretation literarischer Texte zu trainieren. Es ist ein Übungsbuch und sieht daher etwas anders aus als deine Schulbücher aus dem Deutschunterricht. Du wirst dich aber schnell zurechtfinden, denn die folgenden Zeichen begegnen dir im Buch immer wieder.

Lies zunächst die **Regeln** und **Tipps**. Dort erfährst du, was du beim Schreiben deiner Aufsätze beachten musst.

Zahlreiche **Übungen** helfen dir dann, die Regeln und Tipps anzuwenden.

Mit den **Tests** am Ende eines jeden Kapitels kannst du noch einmal kontrollieren, ob du wirklich alle Regeln beherrschst.

In diesem Buch sind viele Übungen enthalten, mit denen du das Schreiben von Interpretationsaufsätzen üben kannst. Lege dir dafür ein **Trainingsheft** an und trage deine Ausarbeitungen dort ein. Vergleiche sie anschließend mit den **Lösungsvorschlägen** im letzten Teil dieses Bandes. Deine Formulierungen werden nicht immer mit unseren Vorschlägen übereinstimmen. Du kannst mit ihrer Hilfe aber überprüfen, ob du in deinen Analysen und Interpretationen alle wichtigen Gesichtspunkte berücksichtigt hast.

Sicher heißt es dann bald auch für dich: Bessere Noten mit „Training Deutsch“. Wir wünschen dir viel Erfolg!

1 Erzählungen interpretieren

Erste Schritte der Textanalyse

Der Begriff **Erzählung** erscheint in mehrfacher Bedeutung. Im **weiteren Sinne** dient er als Oberbegriff für alle epischen Gattungen (Romane, Novellen, Anekdoten, Kurzgeschichten).

Im **engeren Sinne** handelt es sich bei der Erzählung um eine selbstständige Gattung der Epik. Sie ist zum Sammelbegriff für Formen des Erzählens geworden, die sich nicht durch strenge Gattungsmerkmale auszeichnen, die nicht allzu umfangreich sind und nur wenige Figuren auftreten lassen.
Schon auf Grund ihres geringeren Umfangs konzentrieren sich Erzählungen darauf, einzelne Charakterzüge der Figuren zu enthüllen. Auch bestimmt nicht eine Reihe von Begebenheiten das Werk. Vielmehr steht eine Begebenheit oder ein Konflikt im Mittelpunkt. Oft wird am Einzelfall das Allgemeine sichtbar.

Erste Schritte der Textanalyse

Um die Aussage einer Erzählung zu verstehen, musst du den Text genauer untersuchen. Dabei gehst du am besten folgendermaßen vor:

- **Lies** den Text genau und **kläre unbekannte Begriffe**.
- **Gliedere** den Inhalt des Textes **in Abschnitte**.
- **Fasse** den **Inhalt** kurz **zusammen**.
- **Charakterisiere** die **Personen** und **analysiere ihre Beziehungen** zueinander, besonders bei handlungsarmen Texten **(Personenkonstellation).**
- **Untersuche** die **sprachliche Darstellungsform**. Berücksichtige dabei **Satzbau** und **Wortwahl**. Denke daran, wichtige Textstellen zu markieren.
- **Analysiere symbolische Elemente:**
  Welche Wörter und Ausdrücke haben neben ihrer ursprünglichen Bedeutung einen übertragenen Sinn?

- **Deute Orts- und Zeitwechsel:**
  Inwiefern weisen sie auf einen Höhe- oder Wendepunkt hin? Welchen Einfluss haben sie auf Veränderungen und Entwicklungen der Personen?
- Aussagen über den Text solltest du stets mit **Textzitaten** belegen.
  Beim **Zitieren** verfährst du folgendermaßen:
  Du kannst Textstellen als ganze Sätze, Teilsätze oder auch nur einzelne Wörter übernehmen. Du musst aber solche Zitate immer in **Anführungszeichen** setzen: „Sie war dann ein Fräulein, das in Tearooms lächelnd Zigaretten raucht."
  Den genauen Wortlaut des Zitates darfst du auf keinen Fall verändern.
  Verkürzt du einen Satz beim Zitieren, musst du das mit drei Punkten (...) kenntlich machen: „Über Mittag blieb Monika in der Stadt, sie aß eine Kleinigkeit, (...) in einem Tearoom."

Die Tochter

Abends warteten sie auf Monika. Sie arbeitete in der Stadt, die Bahnverbindungen sind schlecht. Sie, er und seine Frau, saßen am Tisch und warteten auf Monika. Seit sie in der Stadt arbeitete, aßen sie erst um halb acht. Früher hatten sie eine Stunde eher gegessen. Jetzt warten sie täglich eine Stunde am gedeckten Tisch, an ihren Plätzen, der Vater oben, die Mutter nahe der Küchentür, sie warteten vor dem leeren Platz Monikas. Einige Zeit später dann auch vor dem dampfenden Kaffee, vor der Butter, dem Brot, der Marmelade.
Sie war größer gewachsen als sie, sie war auch blonder und hatte die Haut, die feine Haut der Tante Maria. „Sie war immer ein liebes Kind", sagte die Mutter, während sie warteten.
In ihrem Zimmer hatte sie einen Plattenspieler, und sie brachte oft Platten mit aus der Stadt, und sie wußte, wer darauf sang. Sie hatte auch einen Spiegel und verschiedene Fläschchen und Döschen, einen Hocker aus marokkanischem Leder, eine Schachtel Zigaretten.
Der Vater holte sich seine Lohntüte auch bei einem Bürofräulein. Er sah dann die vielen Stempel auf einem Gestell, bestaunte das sanfte Geräusch der Rechenmaschine, die blondierten Haare des Fräuleins. Sie sagte freundlich „Bitte schön", wenn er sich bedankte.

Über Mittag blieb Monika in der Stadt, sie aß eine Kleinigkeit, wie sie sagte, in einem Tearoom. Sie war dann ein Fräulein, das in Tearooms lächelnd Zigaretten raucht. Oft fragten sie sie, was sie alles getan habe in der Stadt, im Büro. Sie wußte aber nichts zu sagen.
Dann versuchten sie wenigstens, sich genau vorzustellen, wie sie beiläufig in der Bahn ein rotes Etui mit dem Abonnement aufschlägt und vorweist, wie sie den Bahnsteig entlanggeht, wie sie sich auf dem Weg ins Büro angeregt mit Freundinnen unterhält, wie sie den Gruß eines Herrn lächelnd erwidert.
Und dann stellten sie sich mehrmals vor in dieser Stunde, wie sie heimkommt, die Tasche und ein Modejournal unter dem Arm, ihr Parfum; stellten sich vor, wie sie sich an ihren Platz setzt, wie sie dann zusammen essen würden.
Bald wird sie sich in der Stadt ein Zimmer nehmen, das wußten sie, und daß sie dann wieder um halb sieben essen würden, daß der Vater nach der Arbeit wieder eine Zeitung lesen würde, daß es dann kein Zimmer mehr mit Plattenspieler gäbe, keine Stunde des Wartens mehr. Auf dem Schrank stand eine Vase aus blauem schwedischem Glas, eine Vase aus der Stadt, ein Geschenkvorschlag aus dem Modejournal.
„Sie ist wie deine Schwester", sagte die Frau, „sie hat das alles von deiner Schwester. Erinnerst du dich, wie schön deine Schwester singen konnte?"
„Andere Mädchen rauchen auch", sagte die Mutter.
„Ja", sagte er, „das habe ich auch gesagt."
„Ihre Freundin hat kürzlich geheiratet", sagte die Mutter.
Sie wird auch heiraten, dachte er, sie wird in der Stadt wohnen.
Kürzlich hatte er Monika gebeten: „Sag mal etwas auf französisch!"
„Ja", hatte die Mutter wiederholt, „sag mal etwas auf französisch." Sie wußte aber nichts zu sagen. Stenographieren kann sie auch, dachte er jetzt. „Für uns wäre das zu schwer", sagten sie oft zueinander. Dann stellte die Mutter den Kaffee auf den Tisch. „Ich habe den Zug gehört", sagte sie.

Peter Bichsel (*1935)

1.

a) Lies den Text und versuche, ihn in Abschnitte zu gliedern. Wo lässt sich ein eindeutiger inhaltlicher Einschnitt entdecken?

b) Ordne den Abschnitten die folgenden Aussagen zu.

1. Die Eltern unterhalten sich über ihre Tochter.
2. Sie schweifen in Gedanken in das zukünftige Leben ihrer Tochter.
3. Die Eltern warten auf Monika.
4. Sie äußern Gedanken über das Leben ihrer Tochter.
5. Alles, was sie sagen, bezieht sich auf die Tochter.
6. Sie sitzen täglich abends am gedeckten Tisch und warten.

2.

a) Welche der folgenden Aussagen trifft auf die Erzählung zu?

Es handelt sich um eine
1. spannende Erzählung
2. handlungsreiche Erzählung
3. statische Erzählung
4. dramatische Erzählung
5. handlungsarme Erzählung

b) Was soll mit dieser Erzählung dargestellt werden, was ist Thema der Erzählung? Kreuze an, was deiner Meinung nach zutrifft.

Das Leben einer Familie mit einer erwachsenen Tochter ☐

Die Beziehung der Eltern zu ihrer Tochter ☐

Die Entwicklung eines Kindes zum Erwachsenen ☐

Die Beziehung zwischen den Eltern einer erwachsenen Tochter ☐

3.

Die Eltern warten auf ihre Tochter.

a) Womit verbringen sie die Zeit des Wartens?
b) Wie empfinden die Eltern das Warten?
c) Was sagt das Verhalten der Eltern über ihre Beziehung zueinander aus?

4.

Was erfährst du unabhängig von den Vorstellungen der Eltern über die Tochter? Unterstreiche die Stellen im Text.

5.

Welche Vorstellungen verbinden die Eltern mit ihrer Tochter?

a) Sie erwähnen moderne Konsumartikel der Tochter, die auf ein städtisches Leben hinweisen, z. B. verschiedene Fläschchen und Döschen. Suche weitere Beispiele im Text.
b) Sie stellen sich ihre Tochter in verschiedenen Situationen vor. Z. B. „Sie war dann ein Fräulein, das in Tearooms lächelnd Zigaretten raucht." Suche weitere Beispiele im Text.
c) Sie vergleichen ihre Tochter mit anderen Personen. Welche Vergleiche führen sie auf?
d) Auf welchen Bereich beziehen sich alle Vergleiche? Was fällt auf, wenn man betrachtet, was die Eltern über ihre Tochter wissen bzw. welche Vorstellungen sie von ihr haben?

6.

Welches Verhältnis besteht zwischen den Eltern und ihrer Tochter? Berücksichtige in diesem Zusammenhang auch die Überschrift.

7.

Was fällt an Satzbau und Wortwahl im ersten Abschnitt auf? Welche Bedeutung kannst du daraus für den Inhalt der gesamten Erzählung ableiten?

8.

Wie beurteilst du den letzten Satz des Textes? Was soll damit zum Ausdruck gebracht werden?

9.

Formuliere einen kurzen Text, in dem du die Eltern und ihr Verhältnis zur Tochter beschreibst. Benutze als Grundlage deine Notizen zu Aufgabe 2–8.

Erzählperspektiven

Erzählperspektive nennt man den Blickwinkel, aus dem der Erzähler das Geschehen eines epischen Werkes erzählt und bewertet. Man unterscheidet **im Wesentlichen drei Erzählperspektiven:** Die Ich-Perspektive, die personale und die auktoriale Perspektive.

Du darfst die Perspektive des Erzählers nicht mit der Sicht und dem Urteil des Autors verwechseln. Vielmehr ist sie eine literarische Gestaltungsmöglichkeit des Autors, mit der er unsere Leserblicke lenken und manchmal auch irritieren will.

Erzählperspektiven

Man unterscheidet im Wesentlichen drei Erzählperspektiven.

1. Die **Ich-Perspektive**: Der Erzähler erzählt in der 1. Person Singular aus seiner Sicht und als eine am Geschehen beteiligte Person. In der Regel erfährt der Leser nicht mehr, als der Erzähler weiß oder zu wissen vorgibt.

   Merkmale der Ich-Perspektive:
   - Es wird in der **1. Person Singular** erzählt.
   - Der Ich-Erzähler ist eine **am Geschehen beteiligte** Figur.
   - Du erfährst von dem Geschehen und den Figuren **nur** aus der **Sicht** des **Ich-Erzählers.**
   - Der Ich-Erzähler verfügt über **keine Innensicht** in eine andere Person.

2. Die **personale Perspektive**: Der Erzähler tritt hinter seine Figuren zurück, enthält sich also erläuternder oder kommentierender Bemerkungen. So erlebt der Leser das Geschehen unmittelbar aus der Sicht der Figuren.

   Merkmale der personalen Perspektive:
   - Es sind **keine persönlichen Züge** des Erzählers auszumachen.
   - Oft entsteht der **Eindruck**, als würde **gar nicht erzählt.**

- Der **Leser** hat die **Illusion, unmittelbar** an der dargestellten Welt **teilzuhaben**. Er sieht sie mit den Augen einer der Figuren.
- **Erlebte Rede** und **innere Monologe** können auf die personale Erzählhaltung hinweisen.

3. Die **auktoriale Perspektive**: Der Erzähler steht außerhalb des Geschehens und erzählt mit dem Abstand und dem Überblick eines Allwissenden. Er mischt sich in die erzählte Welt ein, kommentiert die Gedanken und Gefühle der Figuren und teilt dem Leser sein Urteil mit.

Merkmale der auktorialen Perspektive:
- Der Erzähler ist **allwissend** und **überschauend**.
- Er hält **Distanz** zum Geschehen und den Figuren.
- Er **greift** in die erzählte Welt **ein**, **kommentiert** sie und kann dabei auch die **Sicht** des **Lesers beeinflussen**.
- Er kann **Vorausdeutungen** geben oder eine **Vorgeschichte** erzählen und den **Erzählablauf** aus seinem Blickwinkel **ordnen**.
- Auch ein **Wechsel** der **Handlungsorte** kann auf einen auktorialen Erzähler hinweisen.

An der Brücke

Die haben mir meine Beine geflickt und haben mir einen Posten gegeben, wo ich sitzen kann: Ich zähle die Leute, die über die neue Brücke gehen. Es macht ihnen ja Spaß, sich ihre Tüchtigkeit mit Zahlen zu belegen, sie berauschen sich an diesem sinnlosen Nichts aus ein paar Ziffern, und den ganzen Tag, den ganzen Tag geht mein stummer Mund wie ein Uhrwerk, indem ich Nummer auf Nummer häufe, um ihnen abends den Triumph einer Zahl zu schenken. Ihre Gesichter strahlen, wenn ich ihnen das Ergebnis meiner Schicht mitteile, je höher die Zahl, um so mehr strahlen sie, und sie haben Grund, sich befriedigt ins Bett zu legen, denn viele Tausende gehen täglich über ihre neue Brücke … Aber ihre Statistik stimmt nicht. Es tut mir leid, aber sie stimmt nicht. Ich bin ein unzuverlässiger Mann, obwohl ich es verstehe, den Eindruck von Biederkeit zu erwecken.
Insgeheim macht es mir Freude, manchmal einen zu unterschlagen und dann wieder, wenn ich Mitleid empfinde, ihnen ein paar zu schenken. Ihr Glück liegt in meiner Hand. Wenn ich wütend bin, wenn ich nichts zu rauchen habe, gebe ich nur den Durchschnitt an, manchmal unter dem

Durchschnitt, und wenn mein Herz aufschlägt, wenn ich froh bin, lasse ich meine Großzügigkeit in einer fünfstelligen Zahl verströmen. Sie sind ja so glücklich! Sie reißen mir förmlich das Ergebnis jedesmal aus der Hand, und ihre Augen leuchten auf, und sie klopfen mir auf die Schulter. Sie ahnen ja nichts! Und dann fangen sie an zu multiplizieren, zu dividieren, zu prozentualisieren, ich weiß nicht was. Sie rechnen aus, wieviel heute jede Minute, über die Brücke gehen und wieviel in zehn Jahren über die Brücke gegangen sein werden. Sie lieben das zweite Futur, das zweite Futur ist ihre Spezialität – und doch, es tut mir leid, daß alles nicht stimmt ... Wenn meine kleine Geliebte über die Brücke kommt – und sie kommt zweimal am Tage –, dann bleibt mein Herz einfach stehen. Das unermüdliche Ticken meines Herzens setzt einfach aus, bis sie in die Allee eingebogen und verschwunden ist. Und alle, die in dieser Zeit passieren, verschweige ich ihnen. Diese zwei Minuten gehören mir, mir ganz allein, und ich lasse sie mir nicht nehmen. Und auch wenn sie abends wieder zurückkommt, aus ihrer Eisdiele, wenn sie auf der anderen Seite des Gehsteigs meinen stummen Mund passiert, der zählen, zählen muß, dann setzt mein Herz wieder aus, und ich fange erst wieder an zu zählen, wenn sie nicht mehr zu sehen ist. Und alle, die das Glück haben, in diesen Minuten vor meinen blinden Augen zu defilieren, gehen nicht in die Ewigkeit der Statistik ein: Schattenmänner und Schattenfrauen, nichtige Wesen, die im zweiten Futur der Statistik nicht mitmarschieren werden ...
Es ist klar, daß ich sie liebe. Aber sie weiß nichts davon, und ich möchte auch nicht, daß sie es erfährt. Sie soll nicht ahnen, auf welche ungeheure Weise sie alle Berechnungen über den Haufen wirft, und ahnungslos und unschuldig soll sie mit ihren langen braunen Haaren und den zarten Füßen in ihre Eisdiele marschieren, und sie soll viel Trinkgeld bekommen. Ich liebe sie. Es ist ganz klar, daß ich sie liebe.
Neulich haben sich mich kontrolliert. Der Kumpel, der auf der anderen Seite sitzt und die Autos zählen muß, hat mich früh genug gewarnt, und ich habe höllisch aufgepaßt. Ich habe gezählt wie verrückt, ein Kilometerzähler kann nicht besser zählen. Der Oberstatistiker selbst hat sich drüben auf die andere Seite gestellt und hat später das Ergebnis einer Stunde mit meinem Stundenplan verglichen. Ich hatte nur einen weniger als er. Meine kleine Geliebte war vorbeigekommen, und niemals im Leben werde ich dieses hübsche Kind ins zweite Futur transportieren lassen, diese meine kleine Geliebte soll nicht multipliziert und dividiert und in ein prozentuales Nichts verwandelt werden. Mein Herz hat mir geblutet, daß ich zählen mußte, ohne ihr nachsehen zu können, und dem Kumpel drüben, der die Autos zählen muß, bin ich sehr dankbar gewesen. Es ging ja glatt um meine Existenz.

Der Oberstatistiker hat mir auf die Schulter geklopft und hat gesagt, daß ich gut bin, zuverlässig und treu. „Eins in der Stunde verzählt“, hat er gesagt, „macht nicht viel. Wir zählen sowieso einen gewissen prozentualen Verschleiß hinzu. Ich werde beantragen, daß Sie zu den Pferdewagen versetzt werden.“

Pferdewagen ist natürlich die Masche. Pferdewagen ist ein Lenz wie nie zuvor. Pferdewagen gibt es höchstens fünfundzwanzig am Tage, und alle halbe Stunde einmal in seinem Gehirn die nächste Nummer fallen zu lassen, das ist ein Lenz! Pferdewagen wäre herrlich. Zwischen vier und acht dürfen überhaupt keine Pferdewagen über die Brücke, und ich könnte spazieren gehen oder in die Eisdiele, könnte sie mir lange anschauen oder sie vielleicht ein Stück nach Hause bringen, meine kleine ungezählte Geliebte …

Heinrich Böll (1917–1985)

1.

Charakterisiere kurz die Erzählperspektive.

2.

Belege anhand einiger Textstellen, dass der Erzähler seine Sicht darbietet, dass er nur Vermutungen äußert.

3.

a) Was erfährst du über das Aussehen, die Situation und innere Einstellung des Mannes und über seine Beziehung zu dem Mädchen? Unterstreiche die Belege im Text oder zitiere sie im Trainingsheft.
b) Versuche nun, diesen Mann zu charakterisieren.

4.

Der Erzähler spricht mehrmals von anderen, indem er von „die“ oder „sie“ spricht.

a) Wer ist mit „sie“ und „die“ gemeint?
b) Welche Meinung hat der Erzähler von „denen“?

5.

Welche Bedeutung hat die Überschrift dieser Erzählung? Das Wort „Brücke“ kann man auch im übertragenen Sinn gebrauchen. Versuche die Bedeutung der Überschrift für das Verständnis der Erzählung darzustellen.

Test

Schreibe eine Interpretation zu der Erzählung „Alter Mann an der Brücke" von E. Hemingway.

Beantworte in deiner Interpretation folgende Fragen:
Um welche Thematik geht es in der Erzählung?
In welcher Situation befindet sich der alte Mann? Benutze auch Zitate.
In welcher Beziehung stehen die Hauptpersonen zueinander?
Findest du Hinweise auf eine Symbolik?
Aus welcher Perspektive wird die Geschichte erzählt? Wer ist der Erzähler?

Alter Mann an der Brücke

Ein alter Mann mit einer Stahlbrille und sehr staubigen Kleidern saß am Straßenrand. Über den Fluß führte eine Pontonbrücke, und Karren und Lastautos und Männer, Frauen und Kinder überquerten sie. Die Maultierkarren schwankten die steile Uferböschung hinter der Brücke hinauf, und Soldaten halfen und stemmten sich gegen die Speichen der Räder. Die Lastautos arbeiteten schwer, um aus alledem herauszukommen, und die Bauern stapften in dem knöcheltiefen Staub einher. Aber der alte Mann saß da, ohne sich zu bewegen. Er war zu müde, um noch weiterzugehen.
Ich hatte den Auftrag, über die Brücke zu gehen, den Brückenkopf auf der anderen Seite auszukundschaften und ausfindig zu machen, bis zu welchem Punkt der Feind vorgedrungen war. Ich tat das und kehrte über die Brücke zurück. Jetzt waren dort nicht mehr so viele Karren und nur noch wenige Leute zu Fuß, aber der alte Mann war immer noch da.
„Wo kommen Sie her?" fragte ich ihn.
„Aus San Carlos", sagte er und lächelte.
Es war sein Heimatort, und darum machte es ihm Freude, ihn zu erwähnen, und er lächelte.
„Ich habe Tiere gehütet", erklärte er.
„So", sagte ich und verstand nicht ganz.
„Ja", sagte er, „wissen Sie, ich blieb, um die Tiere zu hüten.
Ich war der letzte, der die Stadt San Carlos verlassen hat."
Er sah weder wie ein Schäfer noch wie ein Rinderhirt aus, und ich musterte seine staubigen, schwarzen Sachen und sein graues, staubiges Gesicht und seine Stahlbrille und sagte: „Was für Tiere waren es denn?"

„Allerhand Tiere“, erklärte er und schüttelte den Kopf. „Ich mußte sie dalassen.“
Ich beobachtete die Brücke und das afrikanisch aussehende Land des Ebro-Deltas und war neugierig, wie lange es jetzt wohl noch dauern würde, bevor wir den Feind sehen würden, und ich horchte die ganze Zeit über auf die ersten Geräusche, die immer wieder das geheimnisvolle Ereignis ankündigen, das man ‚Fühlung nehmen‘ nennt, und der alte Mann saß immer noch da.
„Was für Tiere waren es?“ fragte ich.
„Es waren im ganzen drei Tiere“, erklärte er. „Es waren zwei Ziegen und eine Katze und dann noch vier Paar Tauben.“
„Und Sie mußten sie dalassen?“ fragte ich.
„Ja, wegen der Artillerie. Der Hauptmann befahl mir, fortzugehen wegen der Artillerie.“
„Und Sie haben keine Familie?“ fragte ich und beobachtete das jenseitige Ende der Brücke, wo ein paar letzte Karren den Uferabhang hinunterjagten.
„Nein“, sagte er, „nur die Tiere, die ich angegeben habe. Der Katze wird natürlich nichts passieren. Eine Katze kann für sich selbst sorgen, aber ich kann mir nicht vorstellen, was aus den anderen werden soll.“
„Wo stehen Sie politisch?“ fragte ich.
„Ich bin nicht politisch“, sagte er. „Ich bin sechsundsiebzig Jahre alt. Ich bin jetzt zwölf Kilometer gegangen, und ich glaube, daß ich jetzt nicht weitergehn kann.“
„Dies ist kein guter Platz zum Bleiben“, sagte ich. „Falls Sie es schaffen können, dort oben, wo die Straße nach Tortosa abzweigt, sind Lastwagen.“
„Ich will ein bißchen warten“, sagte er, „und dann werde ich gehen. Wo fahren die Lastwagen hin?“
„Nach Barcelona zu“, sagte ich ihm.
„Ich kenne niemand in der Richtung“, sagte er, „aber danke sehr. Nochmals sehr schönen Dank.“
Er blickte mich ganz ausdruckslos und müde an, dann sagte er, da er seine Sorgen mit jemandem teilen mußte: „Der Katze wird nichts passieren, das weiß ich; man braucht sich wegen der Katze keine Sorgen zu machen. Aber die andern; was glauben Sie wohl von den andern?“
„Ach, wahrscheinlich werden sie heil durch alles durchkommen.“
„Glauben Sie das?“
„Warum nicht?“ sagte ich und beobachtete das jenseitige Ufer, wo jetzt keine Karren mehr waren.
„Aber was werden sie unter der Artillerie tun, wo man mich wegen der

Artillerie fortgeschickt hat?“
„Haben sie den Taubenkäfig unverschlossen gelassen?“ fragte ich.
„Ja.“
„Dann werden sie wegfliegen.“
„Ja, gewiß werden sie wegfliegen. Aber die andern? Es ist besser, man denkt nicht an die andern“, sagte er.
„Wenn Sie sich ausgeruht haben, sollten Sie gehen“, drängte ich. „Stehen Sie auf, und versuchen Sie jetzt einmal zu gehen.“
„Danke“, sagte er und stand auf, schwankte hin und her und setzte sich dann rücklings in den Staub.
„Ich habe Tiere gehütet“, sagte er eintönig, aber nicht mehr zu mir.
„Ich habe doch nur Tiere gehütet.“
Man konnte nichts für ihn tun. Es war Ostersonntag, und die Faschisten rückten gegen den Ebro vor. Es war ein grauer, bedeckter Tag mit tiefliegenden Wolken, darum waren ihre Flugzeuge nicht am Himmel. Das und die Tatsache, daß Katzen für sich selbst sorgen können, war alles an Glück, was der alte Mann je haben würde.

Ernest Hemingway (1899–1961)

2 Kurzgeschichten interpretieren

Die Analyse von Kurzgeschichten

Die Kurzgeschichte ist eine moderne Form der Erzählung. Es handelt sich dabei um Prosatexte, die deutlich kürzer als andere Formen der Erzählung sind. Meist wird nur ein schmaler Ausschnitt der Wirklichkeit gestaltet. Im Zentrum stehen oft wenige Menschen, die sich in Konfliktsituationen bewähren.

Kurzgeschichten sind durch bestimmte **typische Merkmale** gekennzeichnet:

- Unvermittelter Anfang
- Eingrenzung von Zeit, Ort und Raum
- Keine größere Handlung
- Schicksalhafte Episode aus dem Alltagsleben
- Wenige Menschen stehen im Mittelpunkt
- Höhepunkt ist oft Wendepunkt und Schluss
- Knappe Sätze
- Offener Schluss

Du wirst bei deinen Interpretationen feststellen, dass nicht immer alle Merkmale auf eine Kurzgeschichte zutreffen. Oft sind Kurzgeschichten nur durch einige der genannten Merkmale gekennzeichnet.

Die Analyse von Kurzgeschichten

Auch für die Analyse und Interpretation einer Kurzgeschichte ist es sinnvoll, zunächst die **Thematik** des Textes zu bestimmen. Dabei hilft dir eine **Gliederung** des **Textes in Abschnitte**.

Will man eine Kurzgeschichte verstehen, muss man das **Verhalten** der **Hauptpersonen** analysieren. Dabei ist es wichtig festzuhalten,

- **was** die Personen **sagen**,
- **was** sie **tun**,
- **wie** sie sich **verhalten**,
- **welche Beweggründe (Motive)** ihr Verhalten leiten.

Oftmals werden die Figuren durch **innere** und **äußere Geschehnisse** zum Handeln veranlasst, die eng miteinander verknüpft sind und sich gegenseitig durchdringen. Das Mit- und Gegeneinander von äußeren und inneren Geschehnissen treibt die Handlung voran.

- Untersuche, ob es **äußere** und **innere Geschehnisse** gibt.
- Analysiere, inwiefern die **Personen** durch die äußeren und inneren Geschehnisse **zum Handeln veranlasst** werden.

Analysiere die **Sprache**. Untersuche dabei, wie der Autor durch **Wortwahl** und **Satzbau** Wirkung auf den Leser erzeugen will. So wirken kurze, aneinandergereihte Sätze atemlos. Durch die Wahl treffender Verben und Adjektive kann Spannung erzeugt werden ebenso wie durch bildhafte Vergleiche.
Prüfe, welche **Merkmale** auf die jeweils vorliegende Kurzgeschichte zutreffen.

Zwei Männer

Als der Wolkenbruch, den sich der argentinische Himmel damals im Februar leistete, ein Ende gefunden hatte, stand das ganze Land unter Wasser. Und unter Wasser standen die Hoffnungen des Pflanzers von Santa Sabina. Wo ein saftgrünes Vermögen in Gestalt von endlosen Teefeldern mit mannshohen Yerbabüschen gestanden hatte, dehnte sich morgens ein endloses Meer. Der Farmer war vernichtet, das wußte er. Er saß auf einer Maiskiste neben seinem Haus und zählte die fetten Blasen, die an seine Schuhe trieben und dort zerplatzten. Das Maisfeld glich einem See. Der Rancho des Peons war darin verschwunden. Sein Schilfdach trieb im Strom davon, eine nickende Straußenleiche vor sich herschiebend. Der Peon hatte sich zu seinem Herrn geflüchtet und saß neben ihm. Er war ein Indio, der mit breitem, eisernem Gesicht ins Leere starrte. Seine Frau war ertrunken, als sie sich losließ, um ihre Hände zur Madonna zu erheben. Der Peon hatte drei Blasen gezählt. Ihre Hand hatte die letzte Blase zerschlagen.
Der Farmer hatte seine Frau in der Stadt. Sie würde vergeblich auf seinen Schritt vor der Tür warten. Denn der Farmer gab sich noch eine Nacht. Es ist unter Männern Brauch, daß man sich in gewissen Lagen die letzte Zigarette teilt. Der Farmer, im Begriff, nach Mannes Art zu handeln, wurde

von seinem Peon unterbrochen, „Herr!" rief der Indio, „der Parana! Der Strom kommt …!"
Er hatte recht. Man hörte in der Ferne ein furchtbares Donnern. Der Parana, angeschwollen von Wasser und Wind, brach in die Teeprovinzen ein. Parana, das heißt der größte Strom Argentiniens. Dieses Donnern war das Todesurteil für die Männer von Santa Sabina. Sie verstanden sich auf diese Sprache, die Männer. Sie hatten tausendmal dem Tod ins Auge gesehen.
Sie hatten das Weiße im Auge des Pumas gesehen und der Korallenschlange ins kaltstrahlende Gesicht. Sie hatten dem Jaguar gegenübergestanden und der großen Kobra, die sich blähte. Sie hatten alle diese Begegnungen für sich entschieden, denn ihr Auge war kalt und gelassen ihre Hand.
Jetzt aber halfen keine Patronen und kein scharfes Auge. Dieser Feind hier, das Wasser, war bösartig wie hundert Schlangen, die heranzischten, und todesdurstig wie der größte Puma auf dem Ast. Man konnte das Wasser schlagen, es wuchs. Man konnte hineinschießen, es griff an. Es biß nicht, es stach nicht, das Wasser, es suchte sich nur mit kalten Fingern eine Stelle am Mann, seinen Mund, um ihn anzufüllen, bis Blasen aus der Lunge quollen. Das Wasser war gelb und lautlos. Und man sah vor Regen den Himmel nicht.
Auf einer kleinen Insel, halb unsichtbar in der triefenden Finsternis, saß der Farmer mit seinem Peon vor seinem Haus.
Dann kam der große Parana. Er kam nicht mit Pauken und Posaunen. Nein, man merkte ihn gar nicht. Aber plötzlich stand der Schuh des Farmers im Wasser. Er zog ihn zurück. Aber nach einer Weile stand der Schuh wieder im Wasser, weiß der Teufel … Und wenn man die Maiskiste zurücksetzte, so muß man sie bald noch ein wenig zurücksetzen, denn kein Mann sitzt gern im Wasser.
Das war alles, aber das war der Parana.
Gegen Abend fiel das Hühnerhaus um. Man hörte das halberstickte Kreischen der Vögel, dann war es wieder still. Später zischte es plötzlich im Wohnhaus auf, denn das Wasser war in den Herd gedrungen.
Als es dunkel wurde, standen der Farmer und sein Peon bereits bis zum Bauch im Wasser. Sie kletterten auf das Schilfdach. Dort auf dem Gipfel saßen sie schweigend, dunkle Schatten in der dunkelsten aller Nächte, indes Töpfe und Kästen aus den Häusern hinausschwammen. Ein Stuhl stieß unten das Glasfenster in Scherben. Das Wasser rauschte. Die Blasen platzten. Ein totes Huhn schwamm im Kreise vor der Haustür.
Als das Wasser das Dach erreicht hatte, stieß es die Hausmauern nachlässig um. Das Dach stürzte von den gebrochenen Pfosten, schaukelte und

krachte, dann drehte es sich um sich selbst und trieb in die rauschende Finsternis hinaus.
Das Dach ging einen langen Weg. Es fuhr kreisend zu Tal. Es trieb am Rande der großen Urwälder vorbei, es segelte durch eine Herde von Rindern, die mit himmelwärts gestreckten Beinen totenstill auf dem wirbelnden Wasser trieben. Glotzäugige Fische schossen vor dem Schatten des Daches davon. Schwarze Aasgeier trieben, traubenweise an ein Pferd gekrallt, den Strom hinab. Sie blickten mordlustigen Auges herüber ... Blüten, Möbel und Leichen vereinigten sich zu einem Zug des Todes, der talwärts fuhr, einem undurchsichtigen Ende entgegen.
Gegen Morgen richtete sich der Farmer auf und befahl seinem Peon, nicht einzuschlafen. Der Indio verwunderte sich über die harte Stimme seines Herrn. Er wäre bedenkenlos dem Farmer um die Erde gefolgt. Er war Indio und wußte, was ein Mann ist. Aber er wußte auch, daß ein Mann ein schweres Gewicht hat. Wenn nur ein Mann auf dem Dach sitzt, so hält es natürlich länger, nicht wahr, als wenn es unter dem schweren Gewicht zweier Männer auseinanderbricht und versinkt. Und dann gute Nacht ...
Er glaubte nicht, daß der Farmer gutwillig das Dach verlassen würde, aber man konnte ihn hinunterkippen, denn es ging hier um Leben und Tod. Das dachte der Indio, und er rückte näher. Sein Gesicht war steinern, es troff von Regen. Das Dach würde auf keinen Fall mehr bis zum Morgen schwimmen. Jetzt schon brachen einzelne Bündel ab und schwammen nebenher. Die Männer mitten auf dem furchtbaren Strom wußten nicht, wo sie waren. Dichter Nebel fuhr mit ihnen. Ringsum das Wasser schien still zu stehen. Fuhren sie im Kreis? Sie wußten es nicht. Sie sahen sich an.
Da folgte der Farmer dem Brauch aller Männer, zog seine letzte Zigarette, brach sie in zwei Teile und bot dem Indio einen an. Sie rissen das Papier ab und kauten den Tabak, da sie kein Feuer hatten.
Er ist ein guter Kamerad, dachte der Peon. Es hat keinen Zweck. Es soll alles seinen Weg gehen. Als er den würzigen Geschmack des Tabaks fühlte, wurde aus der Feindschaft langsam ein Gefühl der Treue. Was willst du? Der Peon hatte seine Frau verloren und sein Kind. Sie hatte die letzte Blase ihres Atems mit ihrer Hand zerschlagen. Er hatte nichts mehr, was ihn zu leben verlockte. Das Schilfdach sank immer tiefer. Wenn er selbst ins Wasser sprang, hielt das Dach vielleicht noch und trug seinen Herrn bis zum Morgen.
Der Dienst ist aus, adios, Señor! Der Peon kletterte über den Giebel bis an den Rand des Daches, als er plötzlich im dunklen Wasser Kaimane rauschen sah, Jaquares, die ihn aufmerksam anstarrten. Zum erstenmal verzog

der Indio sein Gesicht, dann hielt er den Atem an und sprang. Aber er wurde im selben Augenblick von seinem Herrn gehalten, der ihn wieder aus dem Wasser zog und seinen Peon zornglühend anschrie. Kreideweiß, mit rotgeränderten Augen und triefenden Haaren, beugte sich der Farmer über ihn, nannte ihn den Vater allen Unsinns und rüttelte ihn. Dann befahl er ihm, seinen Platz einzunehmen und den Mut nicht zu verlieren, verdammt noch mal …

Gegen Morgen trieben sie an Land, sprangen über Baumäste und wateten stundenlang, bis sie ins Trockene kamen. Sie klopften den Boden mit Stöcken nach Schlangen ab, und ehe sie sich zum Schlafen in das Maisfeld legten, sagte der Farmer:

„Morgen gehen wir zurück und fangen wieder an."

„Bueno", sagte der Indio. Der Regen hörte auf.

Günther Weisenborn (1902–1996)

1.

Gliedere die Geschichte in Erzählschritte. Beachte dabei die wechselnden Schauplätze.

2.

Skizziere kurz den Inhalt der einzelnen Abschnitte.
Kannst du in einigen Sätzen die Thematik der Kurzgeschichte festhalten?

3.

In welchem Verhältnis stehen der Farmer und der Peon zu Beginn zueinander?

4.

Suche die Textstelle, an der sich die Situation dramatisch zuspitzt.

5.

Durch welchen Satz wird die aussichtslose Situation deutlich?
Das Bewusstsein von der Aussichtslosigkeit bestimmt das weitere Verhalten des Farmers. Du musst bei einer weiteren Deutung des Geschehens die ausweglose Situation immer mit berücksichtigen.

6.

Was wird durch das Teilen der letzten Zigarette zum Ausdruck gebracht?

7.

Die symbolische Handlung wird zunächst durch das Hereinbrechen des Stromes unterbrochen. Der Verlauf der Naturkatastrophe beeinflusst den weiteren Gedankengang des Indios. Arbeite seine Gedanken heraus.

8.

Aus welchen Gefühlen heraus kommt es zu diesen Gedanken?
Kreuze an:

- ☐ Feindschaft
- ☐ Mordlust
- ☐ Egoismus
- ☐ Selbsterhaltungstrieb

9.

Der Peon stößt den Farmer schließlich doch nicht vom Dach, sondern will sich selbst opfern.

Unterscheide zwischen a) Anlass und b) Gründen, die den Indio zu dieser Verhaltensänderung bewegen.

10.

Welche Motive hat der Farmer, das Leben des Indios zu retten?

11.

Stelle das Verhalten der beiden Männer in der Extremsituation tabellarisch gegenüber.

Farmer	Peon

12.

Die Handlung der Geschichte wird durch die Gedanken der beiden Personen weitergetrieben (inneres Geschehen).

Arbeite

a) die inneren und
b) die äußeren Geschehnisse heraus.

13.

Charakterisiere nun die beiden Männer.

14.

Untersuche jetzt die Sprache genauer.

a) Wie lässt sich der Satzbau charakterisieren?
b) Suche die Verben heraus, mit denen die Gewalt des Wassers dargestellt wird.

15.

Prüfe, welche der vorangestellten Merkmale auf die vorliegende Kurzgeschichte zutreffen. Beantworte diese Aufgabe in Form eines zusammenhängenden Textes.

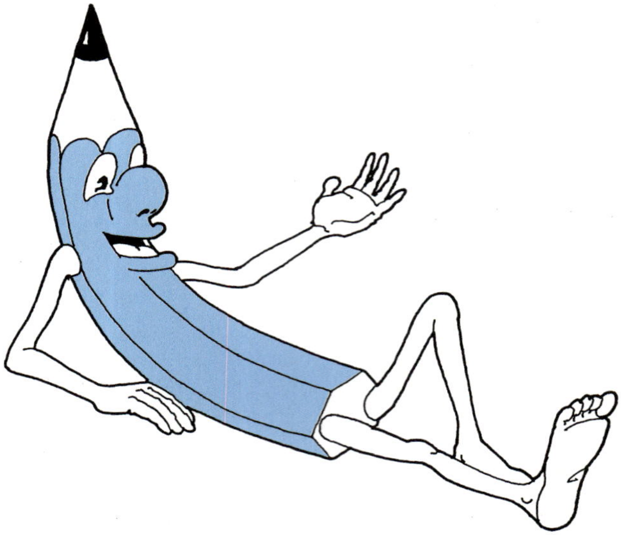

Dialoge und Symbolik

Bei Kurzgeschichten, die kaum äußere Handlung aufweisen, liefert die gründliche Dialoganalyse Hinweise zum Verständnis. Sie ermöglicht Rückschlüsse auf die Figuren, ihre innere Befindlichkeit und ihr Verhältnis zueinander. Auch die Analyse der Symbolik ist hilfreich bei der Texterschließung. Ebenso wie ein Dialog kann sie über die Gefühle und die Befindlichkeit der Personen Aufschluss geben.

Dialoge und Symbolik

Ein **Dialog** ist ein **Austausch** zweier Personen über ihre **Gedanken und Gefühle**. Oft bezieht er sich in unterschiedlicher Weise auf die Wirklichkeit.
Der Leser muss den Dialog **sorgfältig analysieren**, um daraus Hinweise für eine Interpretation zu gewinnen.

- **Was** wird gesagt?
- **Welche Absicht** verfolgt der Redner damit?
- **Wie** wird das Gesagte verstanden?
- **Welche Rückschlüsse** kannst du auf die jeweilige Person ziehen?

Weitere Hinweise für die Interpretation eines Textes ergeben sich aus der **Entschlüsselung seiner Symbolik**.

- Welche Wörter und Ausdrücke haben neben ihrer ursprünglichen Bedeutung noch einen **übertragenen Sinn**?
- Welche Beschreibungen und Bilder im Text kann man auf die **Gefühle** und die **Befindlichkeit** der Personen übertragen?

Das Ende von Etwas

Früher einmal war Hortons Bay eine Bauholz-Stadt gewesen. Niemand, der dort wohnte, war außerhalb des Hörbereichs der großen Sägemühle am See. Dann, eines Tages, gab es keine Baumstämme mehr, um Bauholz zu machen. Die Holzschoner kamen in die Bucht und wurden mit dem Schnittholz des Sägewerks, das auf dem Hof aufgestapelt stand, beladen. Alle Stapel Bauholz wurden weggebracht. Aus der großen Mühle nahm man alle transportablen Maschinen fort und ließ sie von den Leuten, die bisher in der Mühle gearbeitet hatten, auf einen der Schoner laden. Der Schoner entfernte sich aus der Bucht hinaus dem offenen See zu, an Bord die beiden großen Sägen, den Transportwagen, der die Baumstämme gegen die rotierenden Kreissägen schleuderte, und all die Walzen, Räder, Treibriemen und Eisen, aufgetürmt auf einer schiffrumpftiefen Ladung Bauholz. Nachdem der offene Raum mit Planen zugedeckt und diese festgebunden waren, füllten sich die Segel des Schoners, und er bewegte sich hinaus in den offenen See, all das mit sich führend, was die Mühle zur Mühle und Hortons Bay zur Stadt gemacht hatte.

Die einstöckigen Schlafquartiere, das Speisehaus, das Warenhaus, die Mühlenbüros und die große Mühle selbst standen verlassen inmitten von ungeheuren Mengen Sägemehls da, das die sumpfige Wiese am Ufer der Bucht bedeckte. Zehn Jahre später war nur noch der zerfallene, weiße Kalkstein der Grundmauern von dem Sägewerk übrig, den Nick und Marjorie, als sie am Ufer entlang ruderten, durch die sumpfige, in zweiter Blüte stehende Wiese durchschimmern sahen. Sie angelten am Rande der Fahrrinne, wo der Grund plötzlich von flachem Sand bis zu zwölf Fuß tiefem, dunklem Wasser abfiel. Sie angelten auf ihrem Weg zu der Stelle, wo sie für die Regenbogenforellen nachts Leinen auslegen wollten.

„Das ist unsere alte Ruine, Nick“, sagte Marjorie.

Nick blickte beim Rudern auf die weißen Steine zwischen den grünen Bäumen. „Ja, da ist sie“, sagte er.

„Kannst du dich daran erinnern, als es ein Sägewerk war?“ fragte Marjorie.

„Ja, grade“, sagte Nick.

„Es sieht eher wie ein Schloß aus“, sagte Marjorie.

Nick sagte nichts. Sie ruderten weiter, verloren das Sägewerk aus den Augen und folgten der Uferlinie. Dann kreuzte Nick die Bucht.

„Sie beißen nicht an“, sagte er.

„Nein“, sagte Marjorie. Auch während sie sprach, paßte sie die ganze Zeit über scharf auf die Angel auf. Sie fischte gern. Sie fischte gern mit Nick.

Ganz dicht am Boot durchbrach eine große Forelle den Wasserspiegel. Nick zog kräftig an einem Ruder, um das Boot zu wenden, damit der Köder, der weit hinter ihnen trieb, dort vorbeikam, wo die Forelle fraß. Als der Rücken der Forelle aus dem Wasser auftauchte, sprangen die Elritzen wie wild. Sie sprengten die Oberfläche, als hätte man eine Handvoll Schrot ins Wasser geworfen. Eine zweite Forelle durchbrach fressend das Wasser auf der anderen Seite des Bootes.

„Sie fressen", sagte Marjorie.

„Aber sie beißen nicht an", sagte Nick.

Er ruderte das Boot herum, um zwischen den beiden fressenden Fischen hindurchzuködern; dann nahm er den Kurs auf die Landspitze. Marjorie haspelte die Angelschnur erst auf, als das Boot das Ufer berührte.

Sie zogen das Boot auf den Strand, und Nick hob einen Eimer mit lebenden Barschen heraus. Die Barsche schwammen im Wasser im Eimer umher. Nick fing drei von ihnen mit der Hand, schnitt ihnen die Köpfe ab und enthäutete sie, während Marjorie mit ihren Händen im Eimer herumjagte, schließlich einen Barsch fing, seinen Kopf abschnitt und ihn enthäutete. Nick besah sich ihren Fisch.

„Nimm lieber die Mittelgräte nicht heraus", sagte er. „Es geht zwar als Köder, aber es ist besser, wenn die Mittelgräte drin bleibt."

Er hakte jeden der enthäuteten Barsche durch den Schwanz. An dem Vorfach jeder Angel waren zwei Haken befestigt. Dann ruderte Marjorie das Boot über die Fahrrinne hinaus, sie hielt die Leine zwischen den Zähnen und hatte das Gesicht Nick zugewandt, der am Ufer stand, die Angelrute hielt und die Schnur von der Rolle laufen ließ.

„So ungefähr da", rief er.

„Soll ich sie loslassen?" rief Marjorie zurück, die Leine in der Hand.

„Ja, laß sie los." Marjorie ließ die Leine über Bord und sah zu, wie die Köder unter Wasser sanken.

Sie kam mit dem Boot zurück und legte die zweite Leine auf die gleiche Art aus. Beide Male legte Nick ein schweres Stück Treibholz über das dickere Ende der Angelrute, um sie in Position zu halten und stützte sie mit einem kleinen Stück Holz ab. Er haspelte die schlaffe Leine auf, so daß die Leine straff bis zu der Stelle lief, wo der Köder auf dem sandigen Grund der Fahrrinne lag, setzte den Sperrhaken auf die Rolle. Sobald eine Forelle auf dem Grund fraß und den Köder nahm, würde sie damit wegziehen, die Leine mit Ungestüm von der Rolle abwickeln und so die Rolle mit dem Sperrhaken zum Schnurren bringen. Marjorie ruderte ein Stückchen an der Landspitze entlang, um nicht der Leine in die Quere zu kommen. Sie zog kräftig an den Rudern, und das Boot lief ein ganzes Stück den Strand

hinauf. Kleine Wellen kamen mit ihm herauf. Marjorie stieg aus dem Boot, und Nick zog das Boot weit den Strand herauf.
„Was ist denn los, Nick?“ fragte Marjorie.
„Ich weiß nicht“, sagte Nick und holte Holz, um Feuer zu machen.
Sie machten ein Feuer mit Treibholz. Marjorie ging zum Boot und holte eine Decke. Die Abendbrise blies den Rauch nach der Landspitze zu, darum breitete Marjorie die Decke zwischen dem Feuer und dem See aus.
Marjorie saß auf der Decke mit dem Rücken zum Feuer und wartete auf Nick.
Er kam herüber und setzte sich neben sie auf die Decke. Hinter ihnen war der dichte, junge Baumwuchs der Landspitze, und vor ihnen war die Bucht mit der Mündung von Hortons Creek. Es war nicht ganz dunkel. Der Feuerschein reichte bis zum Wasser. Sie konnten beide die zwei Stahlruten schräg über dem dunklen Wasser sehen. Das Feuer blinkte auf den Rollen.
Marjorie packte den Abendbrotkorb aus.
„Mir ist gar nicht nach Essen“, sagte Nick.
„Los, komm und iß, Nick.“
„Schön.“
Sie aßen, ohne zu sprechen, und beobachteten die beiden Angelruten und den Feuerschein auf dem Wasser.
„Heute abend gibt's Mondschein“, sagte Nick. Er sah über die Bucht hinweg nach den Bergen, die sich scharf gegen den Himmel abzuzeichnen begannen. Er wußte, hinter den Bergen kam der Mond herauf.
„Ich weiß“, sagte Marjorie vergnügt.
„Du weißt alles“, sagte Nick.
„Ach bitte, Nick. Laß das. Bitte, sei nicht so!“
„Ich kann nichts dazu“, sagte Nick. „Es ist doch so. Du weißt alles. Das ist das Unglück. Du weißt, daß es so ist.“
Marjorie sagte gar nichts.
„Ich habe dir alles beigebracht. Du weißt, daß es so ist. Überhaupt, was weißt du eigentlich nicht?“
„Ach, hör auf“, sagte Marjorie. „Da kommt der Mond.“
Sie saßen auf der Decke, ohne sich zu berühren, und sahen zu, wie der Mond aufging.
„Du brauchst doch nicht so dumm zu reden“, sagte Marjorie.
„Was ist denn eigentlich los?“
„Ich weiß nicht.“
„Natürlich weißt du's.“
„Nein, wirklich nicht.“
„Los, sag's.“

Nick sah weiter auf den Mond, der über die Berge heraufkam.
„Es ist gar nicht mehr schön."
Er hatte Angst, Marjorie anzusehen. Dann sah er sie an. Sie saß da und wandte ihm den Rücken zu. Er sah ihren Rücken an. „Es ist nicht mehr schön. Überhaupt nichts mehr."
Sie sagte nichts. Er fuhrt fort: „Weißt du, mir ist, als ob alles in mir zum Teufel gegangen ist. Ich weiß nicht, Marge. Ich weiß nicht, was ich sagen soll."
Er blickte weiter auf ihren Rücken.
„Ist denn Liebe nicht schön?" fragte Marjorie.
„Nein", sagte Nick. Marjorie stand auf. Nick saß da, den Kopf in die Hände gestützt.
„Ich nehme das Boot", rief ihm Marjorie zu. „Du kannst um die Landspitze 'rum zu Fuß zurückgehen."
„Schön", sagte Nick. „Ich stoß das Boot für dich ab."
„Ist nicht nötig", sagte sie. Sie trieb mit dem Boot auf dem mondbeschienenen Wasser. Nick ging zurück und legte sich neben das Feuer, mit dem Gesicht auf der Decke. Er konnte Marjorie auf dem Wasser rudern hören. Er lag dort eine lange Zeit. Er lag da, während er hörte, wie Bill, der durch den Wald strich in die Lichtung kam. Er spürte, wie Bill sich dem Feuer näherte. Auch Bill berührte ihn nicht.
„Ist sie glücklich weg?" sagte Bill.
„Ja", sagte Nick, der mit dem Gesicht auf der Decke dalag.
„'ne Szene gehabt?"
„Nein, wir hatten keine Szene."
„Wie fühlst du dich?"
„Bitte geh weg, Bill. Geh, laß mich allein."
Bill suchte sich ein Sandwich aus dem Eßkorb aus und ging hinüber, sich die Angelruten ansehen.

Ernest Hemingway (1899–1961)

1.
Stelle die Thematik des Textes in einem Satz dar.

2.
Versuche anhand des Textes, die beiden Hauptpersonen und ihre Beziehung darzustellen. Achte darauf, was sie tun und wie sie sich verhalten.

3.
Untersuche den Dialog zwischen Nick und Marjorie genauer:

a) Worüber unterhalten sich die beiden?
b) Schreibe die Stelle heraus, an der es zur Wende im Gespräch kommt.
c) Wer treibt das Gespräch voran? Belege deine Aussage an einigen Äußerungen und mit Zitaten.
d) Schreibe den alles entscheidenden Dialogteil heraus. Begründe.

4.
Finde heraus, was Nick und Marjorie miteinander verbindet. So kannst du auch erklären, warum sie schließlich auseinandergehen.

5.
Fällt Nick die Trennung leicht?

6.
Wie verhält sich Marjorie? Lehnt sie sich gegen die Trennung auf?

7.
Setze die Überschrift in Beziehung zum Textinhalt.

8.
Liste möglichst alle Gründe auf, die zur Trennung von Nick und Marjorie führen.

9.
Die Einleitung hat Symbolcharakter. Hemingway hat nicht ohne Grund so ausführlich über die Bauholz-Stadt berichtet. Stelle die Verbindung zwischen dem Sägewerk und Nick und Marjorie her.

10.

Du kannst jetzt auch erklären, was Hemingway mit der Einleitung bezweckt. Kreuze an.

Er wollte eine Einleitung schreiben.	☐
Durch einen solchen Text wirkt die Geschichte abgerundeter.	☐
Die Geschichte war ihm zu kurz.	☐
Mit dieser Einleitung will er den Leser einstimmen. Die angewandte Symbolik hilft, die Geschichte zu verstehen.	☐
Dem Leser soll der Ort des Geschehens näher beschrieben werden.	☐

11.

Folgende Merkmale treffen auf Hemingways Kurzgeschichte zu. Finde im Text Belege dafür.

a) Sie weist keine größere Handlung auf.
b) Nur wenige Menschen rücken in den Mittelpunkt.
c) Sie zeigt einen knappen Ausschnitt aus dem Leben eines Menschen.
d) Der Wortschatz ist der Umgangssprache entnommen.
e) Die Sätze sind knapp.

Test

Eine Interpretation von Kurzgeschichten sollte grundsätzlich folgendermaßen aufgebaut sein:
In einer Einleitung müssen Titel und Verfasser der Kurzgeschichte sowie die Thematik genannt werden. Anschließend wird der Text unter verschiedenen Gesichtspunkten analysiert:

- Aufbau des Textes
- Charakteristik der Hauptpersonen
- Beziehung der Personen untereinander
- Konfliktsituationen
- Erzählperspektive
- Symbolik
- Analyse der Sprachform
- Spannungsaufbau
- Merkmale der Kurzgeschichte
- Eventuell persönliche Stellungnahme

Bei der Interpretation von Kurzgeschichten wirst du feststellen, dass nicht für jeden Text alle aufgeführten Untersuchungsaspekte gleichermaßen wichtig sind.

Schreibe nun eine Interpretation zu der Kurzgeschichte „Ein ruhiges Haus“ von Marie Luise Kaschnitz.
Nenne in einer Einleitung zunächst Titel und Verfasser und arbeite die Thematik heraus. Gehe dann auf folgende Gesichtspunkte ein:

- Erzählperspektive
- Beziehung der Personen untereinander (Personenkonstellation)
- Charakteristik der Personen
- Konfliktsituation
- Merkmale der Kurzgeschichte

Ein ruhiges Haus

Ein ruhiges Haus, sagen Sie? Ja, jetzt ist es ein ruhiges Haus. Aber noch vor kurzem war es eine Hölle. Über uns und unter uns Familien mit kleinen Kindern, stellen Sie sich das vor. Das Geheul und Geschrei, die Streitereien, das Trampeln und Scharren der kleinen zornigen Füße. Zuerst haben wir nur den Besenstiel gegen den Fußboden und gegen die Decke gestoßen. Als das nichts half, hat mein Mann telefoniert. Ja, entschuldigen Sie, haben die Eltern gesagt, die Kleine zahnt, oder die Zwillinge lernen gerade laufen. Natürlich haben wir uns mit solchen Ausreden nicht zufrieden gegeben. Mein Mann hat sich beim Hauswirt beschwert, jede Woche einmal, dann war das Maß voll. Der Hauswirt hat den Leuten oben und den Leuten unten Briefe geschrieben und ihnen mit der fristlosen Kündigung gedroht. Danach ist es gleich besser geworden. Die Wohnungen sind nicht allzu teuer, und diese jungen Ehepaare haben gar nicht das Geld, umzuziehen. Wie sie die Kinder zum Schweigen gebracht haben? Ja, genau weiß ich das nicht. Ich glaube, sie binden sie jetzt an den Bettpfosten fest, so daß sie nur kriechen können. Das macht weniger Lärm. Wahrscheinlich bekommen sie starke Beruhigungsmittel. Sie schreien und juchzen nicht mehr, sondern plappern nur noch vor sich hin, ganz leise, wie im Schlaf. Jetzt grüßen wir die Eltern wieder, wenn wir ihnen auf der Treppe begegnen. Wie geht es den Kindern, fragen wir sogar. Gut, sagen die Eltern. Warum sie dabei Tränen in den Augen haben, weiß ich nicht.

Marie Luise Kaschnitz (1901–1974)

3 Parabeln interpretieren

Die Analyse des Textaufbaus

Der Begriff Parabel kommt aus dem Griechischen und bedeutet „Nebeneinanderstellung, Vergleichung".

Oft werden „Parabel" und „Gleichnis" synonym gebraucht, und tatsächlich handelt es sich bei beiden literarischen Formen um einen Vergleich. Einen Unterschied musst du jedoch berücksichtigen: In einem Gleichnis werden eine Situation oder ein seelischer Zustand mit einem Vorgang aus einem anderen Bedeutungsfeld verglichen. Dabei wird der Vergleich ausdrücklich herausgestellt, etwa durch so genannte Vergleichspartikel (wie wenn …, so wie …). Solche Signale fehlen in Parabeln. Beim Lesen und Interpretieren einer Parabel musst du das Bild, das entworfen wird, selbst auf einen Sachverhalt beziehen, auf den es nur verschlüsselt hinweist. Du musst Parabeln also sehr genau lesen, wenn du die verschlüsselte Botschaft entziffern und die Aussage erkennen willst.

Um eine Parabel zu verstehen, ist es auch wichtig zu wissen, dass in ihr ein Sachverhalt mit lehrhafter Tendenz verschlüsselt wiedergegeben wird. Der Leser soll angeregt werden, eine Lehre, die in eine Erzählung eingekleidet ist, selbst zu erkennen.

Die Analyse des Textaufbaus

Gib den **Inhalt** der Parabel wieder.

Untersuche den **Textaufbau** der Parabel.

Stelle fest, ob die Parabel in mehrere **Erzählebenen** (evtl. in Rahmen- und Binnenerzählungen) gegliedert ist.

Wie werden die **Erzählebenen** miteinander verbunden?

Welche **Lehre/Aussageabsicht** steht in der Parabel?

Welche Sätze deuten den **Sinn der Parabel** am treffendsten?

Bei der folgenden Parabel von Bertolt Brecht handelt es sich um eine moderne Parabel. Brecht benutzt die Parabel, um gesellschaftliche und politische Erkenntnisse und Einstellungen zu vermitteln.
Für seine Parabeltexte hat Brecht die Figur des Herrn Keuner (oder oft nur Herr K. genannt) erfunden.

Maßnahmen gegen die Gewalt

Als Herr Keuner, der Denkende, sich in einem Saale vor vielen gegen die Gewalt aussprach, merkte er, wie die Leute vor ihm zurückwichen und weggingen. Er blickte sich um und sah hinter sich stehen – die Gewalt.
„Was sagtest du?“ fragte ihn die Gewalt.
„Ich sprach mich für die Gewalt aus“, antwortete Herr Keuner.
Als Herr Keuner weggegangen war, fragten ihn seine Schüler nach seinem Rückgrat. Herr Keuner antwortete: „Ich habe kein Rückgrat zum Zerschlagen. Gerade ich muß länger leben als die Gewalt.“
Und Herr Keuner erzählte folgende Geschichte:
In der Wohnung des Herrn Egge, der gelernt hatte, nein zu sagen, kam eines Tages in der Zeit der Illegalität ein Agent, der zeigte einen Schein vor, welcher ausgestellt war im Namen derer, die die Stadt beherrschten, und auf dem stand, daß ihm gehören solle jede Wohnung, in die er seinen Fuß setzte; ebenso sollte ihm auch jedes Essen gehören, das er verlange; ebenso sollte ihm auch jeder Mann dienen, den er sähe.
Der Agent setzte sich in einen Stuhl, verlangte Essen, wusch sich, legte sich nieder und fragte mit dem Gesicht zur Wand vor dem Einschlafen: „Wirst du mir dienen?“
Herr Egge deckte ihn mit einer Decke zu, vertrieb die Fliegen, bewachte seinen Schlaf, und wie an diesem Tage gehorchte er ihm sieben Jahre lang. Aber was immer er für ihn tat, eines zu tun hütete er sich wohl: das war, ein Wort zu sagen. Als nun die sieben Jahre herum waren und der Agent dick geworden war vom vielen Essen, Schlafen und Befehlen, starb der Agent. Da wickelte ihn Herr Egge in die verdorbene Decke, schleifte ihn aus dem Haus, wusch das Lager, tünchte die Wände, atmete auf und antwortete: „Nein.“

Bertolt Brecht (1898–1956)

1.

Gib den Inhalt des ersten Teils des Textes wieder.

2.

Herr Keuner wird gleich zu Beginn als „der Denkende“ vorgestellt. Welche Eigenschaften kann man solch einem Menschen zuordnen?

3.

Herr Keuner äußert sich sehr unterschiedlich über die Gewalt. Stelle

a) seine Äußerungen und

b) die Situationen zusammen, in denen er sich äußert.

4.

Wie beurteilen die Schüler des Herrn Keuner sein Verhalten gegenüber der Gewalt? Suche die Textstelle, die dies deutlich macht.

5.

Skizziere den Inhalt der Geschichte, die Herr Keuner erzählt.

6.

Über Herrn Egge wird gleich im ersten Satz eine genauere Angabe gemacht. Was hat sie zu bedeuten?

7.

Wie reagiert Herr Egge auf die Gewalt, die sich ihm in der Person des Agenten vorstellt?

8.

Versuche nun, die Verbindung der beiden Erzählebenen herauszuarbeiten, indem du Ähnlichkeiten zwischen Herrn Keuner und Herrn Egge herausstellst.

9.

Beide, Herr Keuner und Herr Egge, haben auf vordergründig unterschiedliche Weise über die Gewalt gesiegt. Was lehrt Brecht durch die Anwendung dieser beiden Maßnahmen, die Anwendung einer List gegen die Gewalt und das Nein-Sagen zum richtigen Zeitpunkt? (Herr Keuner lügt, Herr Egge dient gegen seine Überzeugung.)

Veranschaulichung der Aussageabsicht

Parabeln enthalten oft Merkwürdigkeiten und Widersprüche, die durch Bilder vermittelt werden. Wenn man versucht, dem Gesagten oder dem Geschehenen in einer Parabel konkrete Beispiele aus der Realität zuzuordnen, kann dies hilfreich für das Verständnis sein. Dies trifft besonders auf Parabeln zu, die auf den ersten Blick sehr befremdlich wirken und der normalen Logik zuwiderlaufen.

1. Finde **Merkwürdigkeiten** und **Widersprüche** einer Parabel heraus.
2. Welches **Bild** wird in der Parabel vorgegeben?
   Du kannst die Bilder auf reale Lebenssituationen übertragen, um deinen Blick für den übertragenen Sinn der Parabel zu schärfen.
3. Bringe die Bildebene auf die **Gedankenebene**.
4. Welche **Erkenntnis** lässt sich daraus ziehen?
5. Stelle die **Aussage** der Parabel heraus.
6. Übertrage die Aussage der Parabel auf passende Situationen aus deiner eigenen Erfahrungswelt.

Der Aufbruch

Ich befahl, mein Pferd aus dem Stall zu holen. Der Diener verstand mich nicht. Ich ging selbst in den Stall, sattelte mein Pferd und bestieg es. In der Ferne hörte ich eine Trompete blasen, ich fragte ihn, was das bedeute. Er wußte nichts und hatte nichts gehört. Beim Tore hielt er mich auf und fragte: „Wohin reitest du, Herr?" „Ich weiß es nicht", sagte ich, „nur weg von hier, nur weg von hier. Immerfort weg von hier, nur so kann ich mein Ziel erreichen." „Du kennst also dein Ziel?" fragte er. „Ja", antwortete ich, „ich sagte es doch: ‚Weg-von-hier', das ist mein Ziel." „Du hast keinen Eßvorrat mit", sagte er. „Ich brauche keinen", sagte ich, „die Reise ist so lang, daß ich verhungern muß, wenn ich auf dem Weg nichts bekomme. Kein Eßvorrat kann mich retten. Es ist ja zum Glück eine wahrhaft ungeheuere Reise."

Franz Kafka (1883–1924)

1.
Suche Merkwürdigkeiten und Widersprüche des Textes heraus.

2.
Vergleiche den hier beschriebenen mit einem in der Realität stattfindenden Reiseantritt.

3.
Du kannst diesen Text in zwei Teile gliedern. Finde Überschriften für die Textteile.

4.
Wie verhalten sich Herr und Diener im ersten Teil? Ergänze.

Der Herr	Der Diener
Der Herr befiehlt.	Der Diener versteht nichts.

5.
Kennst du Situationen aus deinem Leben, wo du aufbrechen möchtest oder etwas ändern möchtest, aber nicht weißt, wohin du willst oder wie du etwas ändern kannst? Wo findest du im Text mögliche Parallelen dazu?

6.
Mit dieser Parabel wird ein seltsames Bild des Aufbruchs vermittelt. Übertrage dieses Bild auf die „menschliche Lebensreise“. Was bedeuten die dargestellten „Merkwürdigkeiten“, wie z. B. keinen Essvorrat mitnehmen, Abreise mit unbekanntem Ziel?

Test

Schreibe eine Interpretation zur Parabel „Zwei Fahrer" von Bertolt Brecht. Berücksichtige dabei folgende Punkte:

- Skizziere den Inhalt der Parabel.
- Stelle die Lehre der Parabel heraus.
- Veranschauliche die Aussage der Parabel durch Beispiele aus deiner eigenen Realität.

Zwei Fahrer

Herr K., befragt über die Arbeitsweise zweier Theaterleute, verglich sie folgendermaßen: „Ich kenne einen Fahrer, der die Verkehrsregeln gut kennt, innehält und für sich zu nutzen weiß. Er versteht es geschickt, vorzupreschen, dann wieder eine regelmäßige Geschwindigkeit zu halten, seinen Motor zu schonen, und so findet er vorsichtig und kühn seinen Weg zwischen den anderen Fahrzeugen. Ein anderer Fahrer, den ich kenne, geht anders vor. Mehr als an seinem Weg ist er interessiert am gesamten Verkehr und fühlt sich nur als ein Teilchen davon. Er nimmt nicht seine Rechte wahr und tut sich nicht persönlich besonders hervor. Er fährt im Geist mit dem Wagen vor ihm und dem Wagen hinter ihm, mit einem ständigen Vergnügen an dem Vorwärtskommen aller Wagen und der Fußgänger dazu."

Bertolt Brecht (1898–1956)

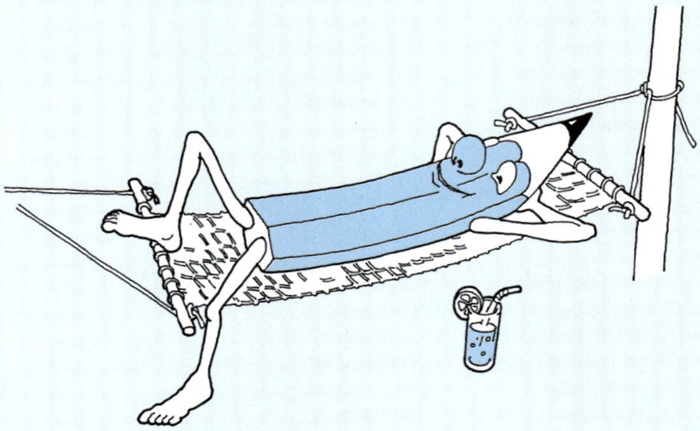

4 Romane und Novellen interpretieren

Handlungsaufbau

Die **Novelle** ist eine kürzere Erzählung in Prosa oder – seltener – in Versen. Der literarische Begriff leitet sich aus dem Italienischen ab: *novella* = Neuigkeit.
Es wird eine besondere und neue Begebenheit geschildert, die auf einem einzigen Konflikt beruht, der geradlinig bis zur Entscheidung durchgeführt wird.
Der Autor arbeitet häufig mit Techniken wie Leitmotiven und Symbolen. Er gibt dem Geschehen, das sich um einen Wendepunkt rankt, damit einen Rahmen.

Die Bezeichnung **Roman** leitet sich aus dem Altfranzösischen ab *(romanz)*. Gemeint war ursprünglich eine Erzählung, die nicht in der Gelehrtensprache (lingua latina), sondern in der jeweiligen Volkssprache (lingua romana) abgefasst war.
Der Roman ist eine epische Großform, die sich spät entwickelte und erst im 18. Jahrhundert zu Anerkennung gelangte. Seit dem 19. Jahrhundert ist der Roman allerdings die am weitesten verbreitete literarische Prosagattung.
Seine Form unterliegt keinen strengen Regeln und ist offen für Experimente und Wandlungen. Romane können darum ganz unterschiedlich komponiert sein. Sie können z. B. lyrische und dramatische Elemente oder auch andere literarische Gattungen wie Briefe, Tagebücher, Reiseberichte in sich aufnehmen. Auch seinem Inhalt nach lässt sich der Roman nicht verbindlich definieren. Allein sein größerer Umfang erlaubt eine Vielfalt von Stoffen und Gehalten. Will man die Romanliteratur übersichtlicher ordnen, ist folgende Gliederung möglich:

- nach Stoffen und dargestellten Personen (z. B. Kriminalroman, Abenteuerroman, Ritterroman),
- nach Themen und behandelten Problemen (z. B. Liebesroman, Erziehungsroman),
- nach Erzählverfahren entweder nach der äußeren Form (z. B. Ich-Roman, Er-Roman, Briefroman),
- nach der erzählerischen Absicht (z. B. religiöser Roman) oder
- nach dem Adressaten (z. B. Frauenroman, Jugendroman).

Genau wie bei kürzeren literarischen Texten (z. B. Kurzgeschichten, Parabeln) erfordert die Analyse und Interpretation eines längeren Prosatextes sorgfältiges Lesen als wichtigste Vorarbeit. Wenn du während des Lesens Notizen zum Inhalt machst, evtl. zu jedem Kapitel eine kurze Inhaltsangabe schreibst, Kapitel mit Überschriften versiehst, den Text in Abschnitte gliederst, deinen persönlichen Eindruck festhältst, kann dir dies später helfen, den Überblick zu behalten.
Es gibt kein Schema, das man bei der Analyse und Interpretation eines längeren Prosatextes, zumal eines Romans anwenden kann. Das Vorgehen richtet sich nach der Art des Textes. So kann z. B. die Analyse des Handlungsaufbaus und der Personenkonstellation dem Leser Zugang zum Text verschaffen.

Handlungsaufbau

Es gibt verschiedene Wege, einen Roman oder eine Novelle zu analysieren. Die wichtigste Arbeit bei beiden Gattungen ist zunächst einmal das sorgfältige Lesen, was für alle literarischen Texte ebenso gilt. Selbstverständlich kannst du nicht alle Teile eines Romans oder einer Novelle erfassen und behalten. Deshalb:
Mache dir Notizen beim Lesen.

- **Worum** geht es?
- **Was** passiert?
- **Welche** Personen bestimmen die Handlung?

Mit diesen Notizen kannst du den **Handlungsaufbau** erfassen.

Stelle fest, wie viele **Handlungsebenen** es gibt.

- **Wo beginnen** sie?
- **Wo enden** sie?
- **Wo** sind sie **miteinander verknüpft**?

Belege deine Beobachtungen mit **Zitaten**.

In diesem Kapitel geht es um die Analyse und Interpretation eines Kriminalromans, des Romans „Der Richter und sein Henker“ (1950) von Friedrich Dürrenmatt.
Es handelt sich bei Kriminalromanen ganz allgemein um literarische Prosa, die ein Verbrechen zum Thema hat. Es geht um die Aufdeckung der Ursachen, um das Verbrechen selbst und um die Aufklärung der Tat. Stärker als in anderen Werken der Literatur wird die Spannung im Kriminalroman bis zum Höhepunkt gesteigert, der meist auch die Lösung bringt.

Wie bei vielen Kriminalromanen erscheint der **Handlungsaufbau** in dem Roman „Der Richter und sein Henker“ auf den ersten Blick einfach. Es geht um einen Kriminalfall. Zu Beginn steht der Fund einer Leiche. Die Suche nach dem Täter beginnt. Indizien werden gesammelt, Verhöre durchgeführt, falsche Spuren gelegt. Am Ende wird ein Täter präsentiert.
Wenn du den Roman sorgfältig gelesen hast, wirst du feststellen, dass es in ihm **zwei Handlungsebenen** gibt.
Die **erste Handlungsebene** umfasst den Mord an Schmied und die Lösung des Falles. Beim Zusammentreffen von Kommissar Bärlach und Gastmann (Kapitel 11) wird deutlich, dass es Bärlach nicht mehr nur um die Lösung des Mordfalles Schmied geht. Es geht vielmehr um die schuldhafte Verstrickung, die Bärlach und Gastmann seit Jahren aneinander kettet. An dieser Stelle führt der Roman in die Vergangenheit. Hier beginnt die **zweite Handlungsebene**, deren Handlung komplizierter ist. Es geht auf dieser Ebene um den unüberbrückbaren Konflikt der zwei Welten von Bärlach und Gastmann, dessen Hintergrund 40 Jahre zurückliegt. Seitdem sind die beiden Erzfeinde. Die Gründe für diese Feindschaft findest du in Kapitel 11.

1.

Die erste Handlungsebene des Romans lässt sich folgendermaßen zusammenfassen:
Zu Beginn des Romans wird die Leiche von Schmied, einem Polizisten, gefunden. Kommissar Bärlach zeigt ein geringes Interesse an der Aufklärung des Mordfalles. Er hat zwar einen Verdacht, wer als Mörder in Betracht kommen könnte, will ihn aber nicht aussprechen. So übergibt er den Fall Tschanz, einem Untergebenen. Durch den Buchstaben „G“ in Schmieds Kalender stoßen Bärlach und Tschanz auf Gastmann, bei dem sich Schmied am Mordabend unter falschem Namen aufhielt. Für Bärlach ist Gastmann kein Unbekannter, er kennt ihn aus früheren Zeiten. Im Laufe der Ermittlungen begegnen sie sich wieder.

Lies den folgenden Textauszug, in dem von dieser Begegnung erzählt wird und stelle heraus, worum es dabei geht.
Unterstreiche die Textstellen, die belegen, dass Kommissar Bärlach und Gastmann sich seit Jahren kennen.

„Du nennst dich jetzt Gastmann", sagte der Alte endlich.
Der andere zog eine Pfeife hervor, stopfte sie, ohne Bärlach aus den Augen zu lassen, setzte sie in Brand und antwortete, mit dem Zeigefinger auf Schmieds Mappe klopfend:
„Das weißt du schon seit einiger Zeit ganz genau. Du hast mir den Jungen auf den Hals geschickt, diese Angaben stammen von dir."
Dann schloß er die Mappe wieder. Bärlach schaute auf den Schreibtisch, wo noch sein Revolver lag, mit dem Schaft gegen ihn gekehrt, er brauchte nur die Hand auszustrecken; dann sagte er:
„Ich höre nie auf, dich zu verfolgen. Einmal wird es mir gelingen, deine Verbrechen zu beweisen."
„Du mußt dich beeilen, Bärlach", antwortete der andere. „Du hast nicht mehr viel Zeit. Die Ärzte geben dir noch ein Jahr, wenn du dich jetzt operieren läßt."
„Du hast recht", sagte der Alte. „Noch ein Jahr. Und ich kann mich jetzt nicht operieren lassen, ich muß mich stellen. Meine letzte Gelegenheit."
„Die letzte", bestätigte der andere, und dann schwiegen sie wieder, endlos, saßen da und schwiegen.
„Über vierzig Jahre ist es her", begann der andere von neuem zu reden, „daß wir uns in irgendeiner verfallenen Judenschenke am Bosporus zum erstenmal getroffen haben."

2.

a) Lies den folgenden Textauszug. Mit ihm beginnt die zweite Handlungsebene des Romans. Unterstreiche die Stellen, mit denen die Situation beschrieben wird, in der Bärlach und Gastmann vor vielen Jahren eine Wette abschlossen.

„Über vierzig Jahre sind es her", begann der andere von neuem zu reden, „daß wir uns in irgendeiner verfallenen Judenschenke am Bosporus zum erstenmal getroffen haben. Ein unförmiges gelbes Stück Schweizerkäse von einem Mond hing bei dieser Begegnung damals zwischen den Wolken und schien durch die verfaulten Balken auf unsere Köpfe, das ist mir in noch guter Erinnerung. Du, Bärlach, warst damals ein junger Polizeifachmann aus der Schweiz in türkischen Diensten, herbestellt, um etwas zu reformieren, und ich – nun, ich war ein herumgetriebener Abenteurer wie jetzt noch, gierig, dieses mein einmaliges Leben und diesen ebenso einmaligen, rätselhaften Planeten kennenzulernen. Wir liebten uns auf den ersten Blick, wie wir einander zwischen Juden im Kaftan und schmutzigen Griechen gegenübersaßen. Doch wie nun die verteufelten Schnäpse, die wir damals tranken, diese vergorenen Säfte aus weiß was für Datteln und diese feurigen Meere aus fremden Kornfeldern um Odessa herum, die wir in unsere Kehlen stürzten, in uns mächtig wurden, daß unsere Augen wie glühende Kohlen durch die türkische Nacht funkelten, wurde unser Gespräch hitzig. O ich liebe es, an diese Stunde zu denken, die dein Leben und das meine bestimmte!“

Er lachte.

Der Alte saß da und schaute schweigend zu ihm hinüber.

„Ein Jahr hast du noch zu leben“, fuhr der andere fort, „und vierzig Jahre hast du mir wacker nachgespürt. Das ist die Rechnung. Was diskutierten wir denn damals, Bärlach, im Moder jener Schenke in der Vorstadt Tophane, eingehüllt in den Qualm türkischer Zigaretten? Deine These war, daß die menschliche Unvollkommenheit, die Tatsache, daß wir die Handlungsweise anderer nie mit Sicherheit vorauszusagen, und daß wir ferner den Zufall, der in alles hineinspielt, nicht in unsere Überlegungen einzubauen vermögen, der Grund sei, der die meisten Verbrechen zwangsläufig zutage fördern müsse. Ein Verbrechen zu begehen nanntest du eine Dummheit, weil es unmöglich sei, mit Menschen wie mit Schachfiguren zu operieren. Ich dagegen stellte die These auf, mehr um zu widersprechen als überzeugt, daß gerade die Verworrenheit der menschlichen Beziehungen es möglich mache, Verbrechen zu begehen, die *nicht* erkannt werden könnten, daß aus diesem Grunde die überaus größte Anzahl der Verbrechen nicht nur ungeahndet, sondern auch ungeahnt seien, als nur im Verborgenen geschehen. Und wie wir nun weiterstritten, von den höllischen Bränden der Schnäpse, die uns der Judenwirt einschenkte, und mehr noch, von unserer Jugend verführt, da haben wir im Übermut eine Wette geschlossen, eben da der Mond hinter dem nahen Kleinasien versank, eine Wette, die wir trotzig in den Himmel hinein hängten, wie wir etwa einen fürchterlichen Witz nicht zu unterdrücken vermögen, auch wenn er eine Gotteslästerung ist, nur weil uns die Pointe reizt als eine teuflische Versuchung des Geistes durch den Geist.“

„Du hast recht“, sagte der Alte ruhig, „wir haben diese Wette damals miteinander geschlossen.“

„Du dachtest nicht, daß ich sie einhalten würde", lachte der andere, „wie wir am andern Morgen mit schwerem Kopf in der öden Schenke erwachten, du auf einer morschen Bank und ich unter einem noch von Schnaps feuchten Tisch."
„Ich dachte nicht", antwortete Bärlach, „daß diese Wette einzuhalten einem Menschen möglich wäre."
Sie schwiegen.
„Führe uns nicht in Versuchung", begann der andere von neuem. „Deine Biederkeit kam nie in Gefahr, versucht zu werden, doch deine Biederkeit versuchte mich. Ich hielt die kühne Wette, in deiner Gegenwart ein Verbrechen zu begehen, ohne daß du imstande sein würdest, mir dieses Verbrechen beweisen zu können."
„Nach drei Tagen", sagte der Alte leise und versunken in seiner Erinnerung, „wie wir mit einem deutschen Kaufmann über die Mahmud-Brücke gingen, hast du ihn vor meinen Augen ins Wasser gestoßen."
„Der arme Kerl konnte nicht schwimmen, und auch du warst in dieser Kunst so ungenügend bewandert, daß man dich nach deinem verunglückten Rettungsversuch halb ertrunken aus den schmutzigen Wellen des Goldenen Hornes ans Land zog", antwortete der andere unerschütterlich. „Der Mord trug sich an einem strahlenden türkischen Sommertag bei einer angenehmen Brise vom Meere her auf einer belebten Brücke in aller Öffentlichkeit zwischen Liebespaaren der europäischen Kolonie, Muselmännern und ortsansässigen Bettlern zu, und trotzdem konntest du mir nichts beweisen. Du ließest mich verhaften, umsonst. Stundenlange Verhöre, nutzlos. Das Gericht glaubte meiner Version, die auf Selbstmord des Kaufmanns lautete."
„Du konntest nachweisen, daß der Kaufmann vor dem Konkurs stand und sich durch einen Betrug vergeblich hatte retten wollen", gab der Alte bitter zu, bleicher als sonst.
„Ich wählte mir mein Opfer sorgfältig aus, mein Freund", lachte der andere.
„So bist du ein Verbrecher geworden", antwortete der Kommissär.

Friedrich Dürrenmatt (1921–1990), Der Richter und sein Henker, S. 66 ff.

b) Beschreibe die Situation, in der Bärlach und Gastmann ihre Wette abschlossen, nun mit deinen eigenen Worten.

3.

a) Beschreibe den Inhalt der Wette, indem du die unterschiedlichen Thesen von Bärlach und Gastmann herausstellst. Unterstreiche die Belege im Text.
b) Gastmann löst seine Wette nach drei Tagen ein. Belege am Text.

4.

Kommissar Bärlach wartet vierzig Jahre darauf, Gastmann des Mordes zu überführen und zu bestrafen. Er „richtet“ ihn schließlich durch seinen Mitarbeiter Tschanz, der Gastmann tötet.

a) Lies den folgenden Textauszug und beschreibe mit eigenen Worten, wie es zu dem Mord an Gastmann kommt.
b) Erläutere mit Hilfe des Textauszugs, inwiefern die erste und die zweite Handlungsebene miteinander verknüpft sind.

„Sie wissen es, Kommissär“, sagte er leise.
„Ja, Tschanz, ich weiß es“, sagte Bärlach fest und ruhig, aber ohne dabei die Stimme zu heben, als spräche er von etwas Gleichgültigem. „Du bist Schmieds Mörder.“ (…)
„Seit Wochen hattest du Schmied beobachtet, jeden seiner Schritte überwacht, eifersüchtig auf seine Fähigkeiten, auf seinen Erfolg, auf seine Bildung, auf sein Mädchen. Du wußtest, daß er sich mit Gastmann beschäftigte, du wußtest sogar, wann er ihn besuchte, aber du wußtest nicht, warum. Da fiel dir durch Zufall auf seinem Pult die Mappe mit den Dokumenten in die Hände. Du beschlossest, den Fall zu übernehmen und Schmied zu töten, um einmal selber Erfolg zu haben. Du dachtest richtig, es würde dir leicht fallen, Gastmann mit einem Mord zu belasten.“ (…)
„Sie haben mit mir gespielt“, sagte Tschanz langsam.
„Ich habe mit dir gespielt“, antwortete Bärlach mit furchtbarem Ernst. „Ich konnte nicht anders. Du hast mir Schmied getötet, und nun mußte ich dich nehmen.“
„Um Gastmann zu töten“, ergänzte Tschanz, der mit einem Male die ganze Wahrheit begriff.

„Du sagst es. Mein halbes Leben habe ich hingegeben, Gastmann zu stellen, und Schmied war meine letzte Hoffnung. Ich hatte ihn auf den Teufel in Menschengestalt gehetzt, ein edles Tier auf eine wilde Bestie. Aber dann bist du gekommen, Tschanz, mit deinem lächerlichen, verbrecherischen Ehrgeiz, und hast mir meine einzige Chance vernichtet. Da habe ich *dich* genommen, dich, den Mörder, und habe dich in meine fruchtbarste Waffe verwandelt, denn dich trieb die Verzweiflung, der Mörder mußte einen anderen Mörder finden. Ich machte mein Ziel zu deinem Ziel." (...)

„Ich habe Gastmann am Sonntagmorgen gesagt, daß ich einen schicken würde, ihn zu töten."

Tschanz taumelte. Es überlief ihn eiskalt. „Da haben Sie mich und Gastmann aufeinander gehetzt wie Tiere!"

„Bestie gegen Bestie", kam es unerbittlich vom Lehnstuhl her.

Charakteristik und Personenkonstellation

Um die **Beziehung der Hauptpersonen** zueinander zu verstehen, ist es hilfreich, ihre **Charaktermerkmale** herauszuarbeiten. Das gilt für den Roman genauso wie für die Novelle. Am besten gehst du bei einer Personenbeschreibung von der **äußeren Erscheinung** eines Menschen aus, schilderst anschaulich bestimmte **Verhaltensweisen**, stellst seine **Wesenszüge**, seine **Lebensgewohnheiten** und **Eigenschaften**, die auf seinen Charakter schließen lassen, heraus.
Auf Grund der erarbeiteten Merkmale kannst du die Personen in einem Roman oder einer Novelle genauer beobachten. Belege deine Beobachtungen mit **Zitaten** aus dem Text.

Charakteristik und Personenkonstellation

Um **Personen** zu **charakterisieren** ist es wichtig einzugehen auf:

- ihre **äußere Erscheinung**,
- ihre **Verhaltensweisen**,
- ihre **Wesenszüge**,
- ihre **Lebensgewohnheiten** und **Eigenschaften**.

Belege deine Beobachtungen **mit Zitaten**.

Die **Charakterzüge** der Hauptpersonen bestimmen ihr Verhältnis untereinander (Personenkonstellation).

Die **Konstellation** der verschiedenen Personen bestimmt den **Handlungsablauf**.

In diesem Abschnitt geht es noch einmal um Friedrich Dürrenmatts Kriminalroman „Der Richter und sein Henker“. In einem Kriminalroman gibt es häufig eine positiv besetzte Figur (Kommissar/Detektiv) und eine Negativfigur (Verbrecher/Täter). In dem Roman „Der Richter und sein Henker“ verhält es sich allerdings nicht so einfach. Hier wechseln das Gute und das Böse die Seiten: Dem Kommissar, Bärlach, wird sogar ein Mörder, Tschanz, zur Seite gestellt. Dem Verbrecher Gastmann kann sein Verbrechen nicht nachgewiesen werden.

Zu deiner Orientierung zunächst eine knappe Zusammenfassung des Geschehens: Schmied, ein Polizist, wird ermordet. Kommissar Bärlach und sein Mitarbeiter Tschanz ermitteln in diesem Mordfall und stoßen bei ihren Recherchen auf Gastmann, ein angesehenes Mitglied der höheren gesellschaftlichen Kreise.
Gastmann ist Kommissar Bärlach kein Unbekannter. Vor vielen Jahren waren sie sich in Konstantinopel zum ersten Mal begegnet: Gastmann ein Abenteurer; Bärlach ein junger Polizist in türkischen Diensten. Beide waren davon überzeugt, dass die Menschen unvollkommen seien und Zufälle in ihre Handlungen hineinspielten. Allerdings zogen sie unterschiedliche Konsequenzen aus ihrer Überzeugung und schlossen eine Wette ab: Bärlach meinte, perfekte Verbrechen seien unmöglich, weil Zufälle helfen würden, sie aufzudecken. Gastmann hielt dagegen und behauptete, dass gerade die Verworrenheit der menschlichen Beziehungen es möglich mache, Verbrechen zu begehen, die nicht erkannt werden könnten. Wenige Tage später löste Gastmann die Wette ein: Vor den Augen Bärlachs stieß er einen Mann von der Brücke. Obwohl sich der Mord in aller Öffentlichkeit zutrug, konnte Bärlach Gastmann den Mord nicht nachweisen.
Seither ist Kommissar Bärlach getrieben, Gastmann für sein Verbrechen büßen zu lassen. Das gelingt ihm schließlich im Zuge der laufenden Ermittlungen im Mordfall Schmied. Dabei macht er seinen Mitarbeiter Tschanz gewissermaßen zu seinem Werkzeug. Tschanz nämlich – er ist der Mörder Schmieds, wovon Bärlach weiß – sucht den Verdacht von sich abzulenken und Gastmann zu beschuldigen. Bärlach lässt ihn gewähren und sorgt schließlich noch dafür, dass Tschanz eine Gelegenheit bekommt, Gastmann in „Notwehr“ zu erschießen.

1.

Aus den folgenden Belegstellen werden die Eigenschaften des Kommissars deutlich. Fasse die Zitate mit eigenen Worten stichwortartig zusammen.

Textbelege	Bärlachs Eigenschaften
Der Alte lebte auf und erzählte nun seinerseits von der Kochkunst der Türken, der Rumänen, der Bulgaren (...). S. 78	
Bärlach hatte lange im Ausland gelebt und sich in Konstantinopel und dann in Deutschland als bekannter Kriminalist hervorgetan. S. 13	
Ich habe keine Klingel. Ich brauche sie nicht; die Haustüre ist nie geschlossen. (...) Auch wenn ich fort bin. Es ist immer spannend, heimzukehren und zu sehen, ob einem etwas gestohlen worden ist oder nicht. S. 28	
Er fühlte wieder den schweren Druck auf dem Magen, die heftigen Stiche, und auf seiner Stirn lag kalter Schweiß. S. 36 Ein Jahr hast du noch zu leben (...). S. 68	
Erst nach Biel unterbrach Bärlach das Schweigen (...). S. 47	
Der alte Kommissär (...) gehört zum rostigen Eisen (...). S. 49	

Textbelege	Bärlachs Eigenschaften
Vergessen sie jedoch nicht, daß die Zeit fortschreitet und auch vor dem berühmtesten Kriminalisten nicht haltmacht. S. 18	
Bärlach wußte nun, daß er den Kampf beginnen, daß er zuerst handeln mußte, er, der alte, todkranke Mann, den Kampf um ein Leben, das noch ein Jahr dauern konnte, wenn alles gut ging (...). Bärlach richtete den Revolver gegen das Fenster (...). Dann schoß er, dann noch einmal, dreimal im ganzen, schnell und sicher durch die zersplitternde Scheibe (...). S. 94	
Gastmann: „(...) und vierzig Jahre hast du mir wacker nachgespürt.“ S. 68 Bärlach: „Ich höre nie auf, dich zu verfolgen.“ S. 67 Bärlach: „Einmal wird es mir gelingen, deine Verbrechen zu beweisen.“ S. 67	
Die ungeheure, gierige Lebenskraft (...) drohte zu erlöschen. (...) Nur noch ein Jahr (...). Nur noch ein Jahr. S. 116 f.	

Friedrich Dürrenmatt (1921–1990), Der Richter und sein Henker

2.

Fertige mit Hilfe der Tabelle eine Charakteristik von Kommissar Bärlach an.

3.

Gastmann ist der große Unbekannte mit zwei Gesichtern. Sein wahres Gesicht tritt erst nach und nach zu Tage. Beschreibe seine Eigenschaften und lege dabei die folgenden Textauszüge zu Grunde.

Der andere spielte gedankenverloren mit dem türkischen Messer. „Daß ich so etwas Ähnliches wie ein Verbrecher bin, kann ich nun nicht gerade ableugnen", sagte er endlich nachlässig. „Ich wurde ein immer besserer Verbrecher und du ein immer besserer Kriminalist: Den Schritt jedoch, den ich dir voraus hatte, konntest du nie einholen. Immer wieder tauchte ich in deiner Laufbahn auf wie ein graues Gespenst, immer wieder trieb mich die Lust, unter deiner Nase sozusagen immer kühnere, wildere, blasphemischere Verbrechen zu begehen, und immer wieder bist du nicht imstande gewesen, meine Taten zu beweisen. Die Dummköpfe konntest du besiegen, aber ich besiegte dich."
Dann fuhr er fort, den Alten aufmerksam und wie belustigt beobachtend: „So lebten wir denn. Du ein Leben unter deinen Vorgesetzten, in deinen Polizeirevieren und muffigen Amtsstuben, immer brav eine Sprosse um die andere auf der Leiter deiner bescheidenen Erfolge erklimmend, dich mit Dieben und Fälschern herumschlagend, mit armen Schluckern, die nie recht ins Leben kamen, und mit armseligen Mörderchen, wenn es hochkam, ich dagegen bald im Dunkeln, im Dickicht verlorener Großstädte, bald im Lichte glänzender Positionen, ordenübersät, aus Übermut das Gute übend, wenn ich Lust dazu hatte, und wieder aus einer anderen Laune heraus das Schlechte liebend. Welch ein abenteuerlicher Spaß! Deine Sehnsucht war, mein Leben zu zerstören, und meine war es, mein Leben dir zum Trotz zu behaupten. Wahrlich, *eine* Nacht kettete uns für ewig zusammen!" (S. 70 f.)

„Das scheint Gastmanns Art zu sein, Witze zu machen", sagte der Alte.
„Er wird sich eben über seinen toten Hund ärgern. Vor allem ist der Fall Schmied für uns ärgerlich. Wir stehen in einem vollkommen falschen Licht da. Wir können von Glück reden, daß ich mit von Schwendi befreundet bin. Gastmann ist ein Weltmann und genießt das volle Vertrauen schweizerischer Unternehmer."
„Dann wird er schon richtig sein", meinte Bärlach.
„Seine Persönlichkeit steht über jedem Verdacht."
„Entschieden", nickte der Alte." (S. 74 f.)

„Was mich an ihm fasziniert, ist nicht so sehr seine Kochkunst, obgleich ich mich nicht so leicht für etwas anderes mehr begeistere, sondern die Mög-

lichkeit eines Menschen, der nun wirklich Nihilist ist", sagte der Schriftsteller. (...)
„Es ist vor allem immer atemberaubend, einem Schriftsteller zuzuhören", sagte der Kommissär trocken.
„Vielleicht hat Gastmann mehr Gutes getan als wir drei zusammen, die wir hier in diesem schiefen Zimmer sitzen", fuhr der Schriftsteller fort. „Wenn ich ihn schlecht nenne, so darum, weil er das Gute ebenso aus einer Laune, aus einem Einfall tut wie das Schlechte, welches ich ihm zutraue. Er wird nie das Böse tun, um etwas zu erreichen, wie andere ihre Verbrechen begehen, um Geld zu besitzen, eine Frau zu erobern oder Macht zu gewinnen, er wird es tun, wenn es sinnlos ist, vielleicht, denn bei ihm sind immer zwei Dinge möglich, das Schlechte und das Gute, und der Zufall entscheidet." (S. 82)

Friedrich Dürrenmatt (1921–1990), Der Richter und sein Henker

4.

Gastmann und Bärlach spielen sich beide als Richter über das Leben anderer auf. Das erkennt man daran, dass sie sich beide mit dem Tode bedrohen. Finde im folgenden Text die entscheidenden Stellen und unterstreiche sie.

Der andere ließ kein Auge von ihm: „Es ist noch jeder umgekommen, der sich mit mir beschäftigt hat, Bärlach." (S. 98)

Der vorne fuhr wie der Teufel den Aargauerstalden hinauf. „Ich lebe noch. Und ich habe mich immer mit dir beschäftigt", antwortete der Kommissär gelassen. (...)
„Ich rate dir, das Spiel aufzugeben. Es wäre Zeit, deine Niederlage einzusehen", sagte Gastmann und stopfte seine Pfeife. (S. 98 f.)

„Es ist das letzte Mal, daß ich mit dir rede, Bärlach", sagte Gastmann. „Das nächste Mal werde ich dich töten, gesetzt, daß du deine Operation überstehst."
„Du irrst dich", sagte Bärlach, der auf dem morgendlichen Platz stand, alt und leicht frierend. „Du wirst mich nicht töten. Ich bin der einzige, der dich kennt, und so bin ich auch der einzige, der dich richten kann. Ich habe dich gerichtet, Gastmann, ich habe dich zum Tode verurteilt. Du wirst den heutigen Tag nicht mehr überleben. Der Henker, den ich ausersehen habe, wird heute zu dir kommen. Er wird dich töten, denn das muß nun eben einmal in Gottes Namen getan werden." (S. 99 f.)

Friedrich Dürrenmatt (1921–1990), Der Richter und sein Henker

5.

Tschanz ist der Mörder an Bärlachs Seite. Charakterisiere ihn kurz und zitiere dabei aus den folgenden Textauszügen. Nenne auch das Motiv für seinen Mord an Schmied.

„Jahrelang bin ich im Schatten gestanden, Kommissär" , keuchte er. „Immer hat man mich übergangen, mißachtet, als letzten Dreck benutzt, als besseren Briefträger!"
„Das gebe ich zu, Tschanz", sagte Bärlach, unbeweglich in das verzweifelte Gesicht des Jungen starrend, „jahrelang bist du im Schatten dessen gestanden, der nun ermordet worden ist."
„Nur weil er bessere Schulen hatte! Nur weil er Lateinisch konnte."
„Du tust ihm Unrecht", antwortete Bärlach, „Schmied war der beste Kriminalist, den ich je gekannt habe."
„Und jetzt", schrie Tschanz, „da ich einmal eine Chance habe, soll alles wieder für nichts sein, soll meine einmalige Gelegenheit hinaufzukommen in einem blödsinnigen diplomatischen Spiel zugrunde gehen! Nur Sie können das noch ändern, Kommissär, sprechen Sie mit Lutz, nur Sie können ihn bewegen, mich zu Gastmann gehen zu lassen."
„Nein, Tschanz", sagte Bärlach, „ich kann das nicht." Der andere rüttelte ihn wie einen Schulbuben, hielt ihn zwischen den Fäusten, schrie:
„Reden Sie mit Lutz, reden Sie!"
Doch der Alte ließ sich nicht erweichen: „Es geht nicht, Tschanz", sagte er. „Ich bin nicht mehr für diese Dinge zu haben. Ich bin alt und krank. Da braucht man seine Ruhe. Du mußt dir selber helfen." (S. 87)

„Seit Wochen hattest du Schmied beobachtet, jeden seiner Schritte überwacht, eifersüchtig auf seine Fähigkeiten, auf seinen Erfolg, auf seine Bildung, auf sein Mädchen. Du wußtest, daß er sich mit Gastmann beschäftigte, du wußtest sogar, wann er ihn besuchte, aber du wußtest nicht, warum. Da fiel dir durch Zufall auf seinem Pult die Mappe mit den Dokumenten in die Hände. Du beschlossest, den Fall zu übernehmen und Schmied zu töten, um einmal selber Erfolg zu haben (...)." (S. 113)

Friedrich Dürrenmatt (1921–1990), Der Richter und sein Henker

6.

a) Tschanz wird von Bärlach als „Schachfigur“ und „Waffe“ benutzt. Weise das am Text nach.

„Sie wissen es, Kommissär“, sagte er leise.
„Ja, Tschanz, ich weiß es“, sagte Bärlach fest und ruhig, aber ohne dabei die Stimme zu heben, als spräche er von etwas Gleichgültigem. „Du bist Schmieds Mörder.“ (S. 111)

Tschanz hörte dem unerbittlichen Schachspieler zu, der ihn matt gesetzt hatte und nun sein grauenhaftes Mahl beendete. (S. 114)

„Sie haben mit mir gespielt“, sagte Tschanz langsam. „Ich habe mit dir gespielt“ antwortete Bärlach mit furchtbarem Ernst. „Ich konnte nicht anders. Du hast mir Schmied getötet, und nun mußte ich dich nehmen.“
„Um Gastmann zu töten“, ergänzte Tschanz, der mit einem Male die ganze Wahrheit begriff. (S. 114)

„Du sagst es. (…) Da habe ich *dich* genommen, dich, den Mörder, und habe dich in meine furchtbarste Waffe verwandelt, denn dich trieb die Verzweiflung, der Mörder mußte einen anderen Mörder finden. Ich machte mein Ziel zu deinem Ziel.“ (S. 114)

„Dann waren Sie der Richter, und ich der Henker“, keuchte der andere.
„Es ist so“, antwortete der Alte. (S. 115)

Friedrich Dürrenmatt (1921–1990), Der Richter und sein Henker

b) In Kapitel 20 erfährt der Leser die Lösung des Kriminalfalls. Sie hängt eng mit dem Titel zusammen: „Der Richter und sein Henker“. Erkläre, wie es zu dieser Konstellation gekommen ist. Wer ist der Richter? Wer ist der Henker?

Test

Bei der Interpretation eines längeren Prosatextes solltest du grundsätzlich folgende Gesichtspunkte berücksichtigen:

1. Einleitung:
Nenne Autor, den Titel des Werkes und die Gattung.
Fasse die Thematik kurz zusammen.
Stelle die Hauptpersonen vor.

2. Hauptteil:
Untersuche den Handlungsaufbau. (Wird chronologisch, also in der Reihenfolge der Ereignisse erzählt? Gibt es Rahmen- und Binnenhandlungen?)
Charakterisiere die Personen.
Arbeite die Personenkonstellationen heraus.
Stelle den Konflikt bzw. die Konfliktsituationen heraus.
Untersuche die Sprache. Berücksichtige dabei gegebenenfalls auch die Symbolik.
Analysiere die Erzählperspektiven.

3. Schluss:
Fasse die Hauptgedanken und die Aussage zusammen.

Halte dich bei deiner Interpretation stets an den Text. Belege deine Beobachtungen und Aussagen auch mit Zitaten.

Natürlich hängt es von dem jeweiligen Text ab, auf welche der genannten Gesichtspunkte du eingehen musst und welche du vernachlässigen kannst. Gerade für Romane gilt ja, dass sie keinem strengen Formschema unterliegen. Wäge also anhand des Textes stets genau ab, welche Gesichtspunkte du bei deiner Interpretation berücksichtigen musst.

In diesem Test geht es um E.T.A. Hoffmanns Novelle „Das Fräulein von Scuderi" (1819). Lies zunächst die Einleitung, dann die Zusammenfassung des Handlungsverlaufs. Sie gibt zugleich den Aufbau der Novelle wieder. Anschließend sollst du den Goldschmied Cardillac, das Fräulein von Scuderi und Olivier Brusson charakterisieren und eine kurze Schlussbemerkung verfassen. Berücksichtige dabei stets die vorgegebenen Textstellen. Solltest du die Novelle von E.T.A. Hoffmann bereits kennen oder gerade lesen, kannst du selbst noch weitere Textstellen hinzuziehen und sie in deine Antworten einarbeiten.

Einleitung
„Das Fräulein von Scuderi“ von E. T. A. Hoffmann erschien im Jahre 1819. Es handelt sich um eine Novelle, die in Frankreich zur Zeit Ludwig XIV. (1661–1715) spielt und in der ein spannender Kriminalfall erzählt wird: Olivier Brusson, ein Goldschmiedegeselle wird beschuldigt, seinen Meister, den berühmten Goldschmied Cardillac, ermordet zu haben. Das Fräulein von Scuderi, eine Schriftstellerin, die auch bei Hofe hohes Ansehen genießt, glaubt jedoch an seine Unschuld. Es gelingt ihr schließlich, den Mordfall aufzuklären und Olivier zu rehabilitieren.

Handlungsverlauf und Aufbau der Novelle
Die **Novelle beginnt** mit einer spannenden und zugleich bedrohlichen Begebenheit: Ein junger Mann verschafft sich nachts Einlass in das abgelegene Haus der Scuderi und bedroht Martiniere, die Kammerfrau des Fräuleins, mit einem Dolch. Er will sie zwingen, ihn zu ihrer Herrin vorzulassen, die allerdings nicht zu Hause ist. Als er auf der Straße Huftritte von Pferden und Waffengeklirr hört, gibt er der Kammerfrau rasch ein Kästchen und flieht. (S. 3 ff.)

Der **Erzähler** unterbricht die Handlung und berichtet von beängstigenden Zuständen in Paris um 1680: Zunächst erschreckt eine Serie von Giftmorden die Stadt. Der König will dem Unwesen ein Ende setzen und ernennt einen Gerichtshof, die so genannte Chambre ardente, dem er die Untersuchung und Bestrafung der Verbrechen überträgt. Unter seinem Präsidenten La Regnie, der allerdings bald eine Schreckensherrschaft ausübt, gelingt schließlich ein Fahndungserfolg, und die Serie der Giftmorde reißt ab. Doch folgen andere Verbrechen: Eine „Gaunerbande“, so nimmt man an, überfällt reiche Edelleute auf dem Weg zu ihren Geliebten, und raubt den Schmuck, den sie als Geschenk bei sich tragen. Viele der Opfer werden bei den Überfällen ermordet. Justiz und Polizei sind ratlos und fordern vom König mehr Vollmachten. Der lehnt ab, nicht zuletzt auf Grund eines Gesprächs mit der Scuderi. Sie antwortet auf seine Überlegung, der Justiz mehr Befugnisse zu geben, mit zwei Versen. Sie lauten übersetzt:

Ein Liebender, der die Diebe fürchtet,
ist der Liebe nicht würdig.
(S. 8 ff.)

Die **Handlung** wird fortgesetzt. Martiniere, die Kammerfrau der Scuderi, berichtet dem Fräulein, was sich in der vergangenen Nacht zugetragen hat. Gemeinsam öffnen sie das Kästchen und entdecken darin einen besonders prachtvollen Schmuck. Es liegt ein Zettel bei, der mit „Die Unsichtbaren“ unterzeichnet ist und in dem die Verse zitiert werden, mit denen die Scuderi den König überzeugt hatte. Den Schmuck, so schreiben die Verbrecher weiter, solle sie als Dank dafür annehmen, dass sie ihnen eine größere Verfolgung erspart habe.
Die Scuderi, entsetzt über die niederträchtige Auslegung ihrer Verse, sucht Rat bei der Mätresse des Königs, der Marquise de Maintenon, die den Schmuck als eine Arbeit von René Cardillac erkennt, dem damals geschicktesten Goldschmied in Paris. (S. 18 ff.)

Der **Erzähler** unterbricht die Handlung abermals und beschreibt Cardillac, den angesehenen und doch sonderbaren Goldschmied, der nicht jeden Auftrag annimmt und sich von Arbeiten, die er anfertigt, nicht trennen mag. (S. 22 ff.)

Die **Handlung** wird weitergeführt: Die Marquise lässt Cardillac herbeirufen. Er soll den Schmuck begutachten. Cardillac bestätigt, dass er den Schmuck angefertigt habe, der danach jedoch aus seiner Werkstatt verschwunden sei. Aus Verehrung schenkt er ihn der Scuderi, die ihn allerdings nur zögernd annimmt. Auch will sie ihn niemals tragen. Sie erschreckt davor, dass er in den Händen der Raubmörder gewesen sein muss. Ebenso hat sie Cardillacs Verhalten geängstigt; es sei etwas „Unheimliches“ an seinem Betragen gewesen und sie ahne, dass hinter allem ein „entsetzliches Geheimnis“ verborgen sei. (S. 25 ff.)
Einige Monate nach der Begegnung mit Cardillac wird die Scuderi während einer Ausfahrt überrascht: Ein junger Mann reißt die Tür ihrer Kutsche auf und wirft ihr einen Zettel zu. Er veschwindet sofort wieder und taucht in der Menge unter. Die Scuderi solle den Schmuck unbedingt wieder an Cardillac zurückgeben, ihr Leben hinge davon ab, so ist auf dem Zettel zu lesen. Die Scuderi versäumt allerdings die Frist, die ihr der Unbekannte gesetzt hat. Als sie bei Cardillac ankommt, um ihm den Schmuck zu geben, ist es bereits zu spät: Der Goldschmied ist durch einen Dolchstich ermordet worden. Sein Geselle Olivier wird als Tatverdächtiger verhaftet. Madelon, die Tochter Cardillacs, die mit Olivier verlobt ist, beteuert dessen Unschuld. Die Scuderi nimmt Madelon mit zu sich nach Hause, aus Mitleid und auch, um sie vor einer Verhaftung zu bewahren, denn sie ist der Mittäterschaft verdächtig. (S. 29 ff.)

Dort beteuert Madelon abermals, dass Olivier nicht der Mörder ihres Vaters sein könne, er habe ein gutes Verhältnis zu seinem Meister gehabt. Die Scuderi ist beeindruckt von Madelons Treue zu Olivier und glaubt nun selbst an seine Unschuld. Sie tritt für ihn ein und spricht bei Le Regnie vor, dem Präsidenten der Chambre ardente; sie stellt selbst Nachforschungen an und erkundigt sich bei den Nachbarn Cardillacs. Dabei wird ihr bestätigt, was Madelon ihr über Olivier erzählt hat. Den Präsidenten kann sie aber nicht überzeugen. Er weist u. a. darauf hin, dass es nach Oliviers Verhaftung keine Überfälle mehr gegeben habe und er darum zur Bande der Juwelendiebe gehört haben müsse. Die Scuderi kann dieser Beweisführung nichts entgegenhalten, bittet aber, Olivier im Gefängnis sprechen zu dürfen. (S. 33 ff.)
Die Begegnung mit Olivier erschüttert sie dann allerdings. Sie erkennt in ihm den Mann, der ihr den Zettel zugeworfen hatte. Nun zweifelt auch sie an Oliviers Unschuld. Sie schwankt in ihrem Urteil, folgt aber schließlich doch ihrer Ahnung und lässt sich darauf ein, Olivier auf sein Bitten und Drängen hin in ihrer Wohnung anzuhören. (S. 40 ff.)

Olivier erzählt der Scuderi in einer **Rückblende** seine **Lebensgeschichte**: Es stellt sich heraus, dass er der Sohn von Anne Guiot ist, der früheren Pflegetochter der Scuderi, die das Fräulein wie ihre eigene Tochter groß gezogen hatte. Auch um den kleinen Olivier hatte sie sich rührend gekümmert, bis die Familie von Paris fort und nach Genf gezogen war. Seither hatten sie sich aus den Augen verloren. Olivier war später nach Paris zurückgekehrt, um bei Cardillac in die Lehre zu gehen.
Er erzählt jetzt von Cardillac, auch davon, dass dieser ihn wegen seiner Liebe zu seiner Tochter Madelon verstoßen hatte. Eines Nachts, Olivier hatte Sehnsucht nach Madelon, sei er zum Hause Cardillacs gegangen und habe beobachtet, wie sich der Goldschmied durch eine Geheimtür aus dem Haus schlich und im Dunkel der Nacht einen Mann erstach.
Olivier sprach ihn an, Cardillac aber verschwand. Später dann suchte der Goldschmied ihn auf, erzählt Olivier weiter, und bat ihn zurückzukehren. Sogar in die Heirat mit Madelon willigte der Meister nun ein. Olivier hatte allerdings Skrupel, wieder in das Haus des Goldschmieds zu ziehen, allzu groß schien ihm die Schuld Cardillacs. Nur seiner Liebe zu Madelon wegen kehrte er zurück. Und aus Liebe zu ihr schwieg er auch über die Verbrechen des Meisters: Madelon sollte von dem furchtbaren Doppelleben ihres Vaters nichts erfahren.
Olivier erzählt weiter von einem Gespräch mit Cardillac, in dem ihn der Goldschmied über das Motiv seiner Morde aufgeklärt hatte: Dem Schicksal sei

seine unglückliche Veranlagung zuzuschreiben. Während der Schwangerschaft sei seine Mutter fasziniert gewesen vom Schmuck eines Adligen. Sie habe danach gegriffen, worauf der Mann tot umgefallen sei. Hierin gründe seine Veranlagung, meinte Cardillac, darum war er Goldschmied geworden, darum war es ihm stets schwer gefallen, seine Arbeiten hergeben zu müssen. Er habe die Besitzer überfallen, um sich den Schmuck zurückzuholen, und sie, um nicht entdeckt zu werden, ermordet.
Olivier setzt seine Erzählung fort und klärt nun sein rätselhaftes Verhalten und den Tod Cardillacs auf: Der Goldschmied habe von den beiden Versen der Scuderi erfahren und ihr aus Verehrung, aber auch, um seine Verbrechen zu sühnen, den prachtvollen Schmuck schenken wollen. Olivier hat ihn dann der Scuderi in einem Kästchen überbracht. Er fürchtete jedoch, dass sich Cardillac auch diesen Schmuck wieder zurückholen wollte und das Leben der Scuderi darum in Gefahr sei. Er habe ihr den Zettel zugesteckt, um sie zu warnen. Tatsächlich trieb es Cardillac in der folgenden Nacht wieder hinaus. Olivier, der annahm, Cardillac habe es auf den Schmuck der Scuderi abgesehen, folgte ihm. Er beobachtete, wie der Goldschmied einen Offizier überfiel, der sich allerdings wehrte. Olivier trug den schwer verletzten Cardillac nach Hause, wo er wenig später starb. (S. 44 ff.)

Die **Scuderi** ist **nach** dieser **Erzählung** von Oliviers Unschuld vollends überzeugt. Noch nachdrücklicher als zuvor tritt sie für ihn ein, und abermals bittet sie La Regnie, den Präsidenten des Gerichtshofes, um Hilfe. Olivier möchte aber aus Liebe zu Madelon und um sie vor der grausamen Wahrheit zu schützen kein öffentliches Geständnis ablegen. Alle Rettungsversuche der Scuderi sind deshalb vorerst vergebens. Schließlich aber wendet sich das Geschehen doch noch: Der Offizier, der Cardillac getötet hatte, gesteht seine Tat in einem Gespräch mit der Scuderi, und nun kann sie für Olivier endlich eine Begnadigung erwirken. So endet die Novelle doch noch im Glück. Olivier und Madelon heiraten und ziehen von allen Lasten befreit nach Genf. (S. 63 ff.)

Test 1

Charakterisiere mit Hilfe der folgenden Textauszüge René Cardillac. Belege deine Ausführungen auch mit Zitaten.

René Cardillac

Der Erzähler über Cardillac

René Cardillac war damals der geschickteste Goldarbeiter in Paris, einer der kunstreichsten und zugleich sonderbarsten Menschen seiner Zeit. Eher klein als groß, aber breitschultrig und von starkem, muskulösem Körperbau hatte Cardillac, hoch in die funfziger Jahre vorgerückt, noch die Kraft, die Beweglichkeit des Jünglings. Von dieser Kraft, die ungewöhnlich zu nennen, zeugte auch das dicke, krause, rötliche Haupthaar und das gedrungene, gleißende Antlitz. Wäre Cardillac nicht in ganz Paris als der rechtlichste Ehrenmann, uneigennützig, offen, ohne Hinterhalt, stets zu helfen bereit, bekannt gewesen, sein ganz besonderer Blick aus kleinen, tiefliegenden, grün funkelnden Augen hätte ihn in den Verdacht heimlicher Tücke und Bosheit bringen können. Wie gesagt, Cardillac war in seiner Kunst der Geschickteste nicht sowohl in Paris, als vielleicht überhaupt seiner Zeit. Innig vertraut mit der Natur der Edelsteine, wusste er sie auf eine Art zu behandeln und zu fassen, dass der Schmuck, der erst für unscheinbar gegolten, aus Cardillacs Werkstatt hervorging in glänzender Pracht. (S. 22)

Cardillacs Selbstbekenntnis

Von meiner Mutter erzählte man mir eine wunderliche Geschichte. Als die mit mir im ersten Monat schwanger ging, (…) fiel ihr Blick auf einen Kavalier in spanischer Kleidung mit einer blitzenden Juwelenkette um den Hals, von der sie die Augen gar nicht mehr abwenden konnte. Ihr ganzes Wesen war Begierde nach den funkelnden Steinen, die ihr ein überirdisches Gut dünkten. (…)

Der Kavalier bemerkte die sehnsuchtsvollen, feurigen Blicke meiner Mutter. Er glaubte jetzt glücklicher zu sein als vormals. Er wusste sich ihr zu nähern, noch mehr, sie von ihren Bekannten fort an einen einsamen Ort zu locken. Dort schloss er sie brünstig in seine Arme, meine Mutter fasste nach der schönen Kette, aber in demselben Augenblick sank er nieder und riss meine Mutter mit sich zu Boden. Sei es, dass ihn der Schlag plötzlich getroffen, oder aus einer andern Ursache; genug, er war tot. (…)

Das Entsetzten warf meine Mutter auf ein schweres Krankenlager. Man gab sie, mich verloren, doch sie gesundete und die Entbindung war glücklicher, als man je hatte hoffen können. Aber die Schrecken jenes fürchterlichen Augenblicks hatten mich getroffen. Mein böser Stern war aufgegangen und hatte den Funken hinabgeschossen, der in mir eine der seltsamsten und verderblichsten Leidenschaften entzündet. Schon in der frühesten Kindheit gingen mir glänzende Diamanten, goldenes Geschmeide über alles. Man hielt das für gewöhnliche kindische Neigung. Aber es zeigte sich anders, denn als Knabe stahl ich Gold und Juwelen, wo ich sie habhaft werden konnte. (...)
Da legt ich mich endlich auf Diebeskünste. Ich hatte Zutritt in den Häusern der Großen, ich nützte schnell jede Gelegenheit, kein Schloss widerstand meinem Geschick und bald war der Schmuck, den ich gearbeitet, wieder in meinen Händen. – Aber nun vertrieb selbst das nicht meine Unruhe. (...)
Ja! im tiefsten Innern regte sich eine Mordlust gegen sie, vor der ich selbst erbebte. (...)
Ich seh im Geiste den Menschen zu der Tänzerin schleichen mit meinem Schmuck. (...) Er kommt, ich falle über ihn her, er schreit auf, doch von hinten festgepackt stoße ich ihm den Dolch ins Herz – der Schmuck ist mein! – Dies getan fühlte ich eine Ruhe, eine Zufriedenheit in meiner Seele, wie sonst niemals. Das Gespenst war verschwunden, die Stimme des Satans schwieg. Nun wusste ich, was mein böser Stern wollte, ich musst ihm nachgeben oder untergehen! – Du begreifst jetzt mein ganzes Tun und Treiben, Olivier! (...)
Du weißt, wie schwer es mir wird, einen Schmuck abzuliefern; wie ich für manche, deren Tod ich nicht will, gar nicht arbeite (...). (S. 55 ff.)

Olivier über Cardillac
Arbeitete ich mit dem Alten in der Werkstatt, nicht ins Antlitz vermochte ich ihm zu schauen, kaum ein Wort zu reden in der Nähe des entsetzlichen Menschen, der alle Tugenden des treuen, zärtlichen Vaters, des guten Bürgers erfüllte, während die Nacht seine Untaten verschleierte. (S. 53)

Die Scuderi über Cardillac
Die Scuderi, von Grausen erfüllt über die Untat eines Mannes, den sie für die Tugend, die Rechtschaffenheit selbst gehalten, rief: „Entsetzlich!“ (S. 53)

E. T. A. Hoffmann (1776–1822), Das Fräulein von Scuderi

Test 2

Lies die folgenden Auszüge und charakterisiere das Fräulein von Scuderi. Belege deine Ausführungen mit Zitaten.

Das Fräulein von Scuderi

Die Scuderi über sich selbst

Dass ich nicht reich bin, dass bei mir keine Schätze, eines Morde wert, zu holen sind, das wissen die verruchten Meuchelmörder da draußen, die, wie ihr selbst sagt, das Innerste der Häuser erspähen, wohl ebenso gut als ich und ihr. Auf mein Leben soll es abgesehen sein? Wem kann was an dem Tode liegen einer Person von dreiundsiebzig Jahren, die niemals andere verfolgte als die Bösewichter und Friedenstörer in den Romanen, die sie selber schuf, die mittelmäßige Verse macht, welche niemandes Neid erregen können, die nichts hinterlassen wird, als den Staat des alten Fräuleins, das bisweilen an den Hof ging, und ein paar Dutzend gut eingebundener Bücher mit vergoldetem Schnitt! (S. 18 f.)

Der Erzähler über die Scuderi

Anne Guiot, die Tochter eines verarmten Bürgers, war von klein auf bei der Scuderi, die sie, wie die Mutter das liebe Kind, erzog mit aller Treue und Sorgfalt. Als sie nun herangewachsen, fand sich ein hübscher sittiger Jüngling, Claude Brusson geheißen, ein, der um das Mädchen warb. Da er nun ein grundgeschickter Uhrmacher war, der sein reichliches Brot in Paris finden musste, Anne ihn auch herzlich lieb gewonnen hatte, so trug die Scuderi gar kein Bedenken, in die Heirat ihrer Pflegetochter zu willigen. Die jungen Leute richteten sich ein, lebten in stiller, glücklicher Häuslichkeit, und was den Liebesbund noch fester knüpfte, war die Geburt eines wunderschönen Knaben, der holden Mutter treues Ebenbild.

Einen Abgott machte die Scuderi aus dem kleinen Olivier, den sie stunden-, tagelang der Mutter entriss, um ihn zu liebkosen, zu hätscheln. Daher kam es, dass der Junge sich ganz an sie gewöhnte, und ebenso gern bei ihr war, als bei der Mutter. (S. 45)

Cardillac spricht von ihr

als der „allerwürdigsten, vortrefflichsten Dame in Paris." (S. 59) (…) Er (…) fügte hinzu, dass er Euch (Scuderi) von jeher verehrt habe, wie sonst kein menschliches Wesen, und dass Ihr, mit solch hoher Tugend begabt, vor der der böse Stern kraftlos erbleiche, selbst den schönsten von im verfertigten Schmuck tragend, niemals ein böses Gespenst, Mordgedanken in ihm erregen würdet. (S. 59)

Die Zweifel der Scuderi

Ganz zerrissen im Innern, entzweit mit allem Irdischen wünschte die Scuderi, nicht mehr in einer Welt voll höllischen Truges zu leben. Sie klagte das Verhängnis an, das in bitterem Hohn ihr so viele Jahre vergönnt, ihren Glauben an Tugend und Treue zu stärken, und nun in ihrem Alter das schöne Bild vernichte, welches ihr Leben geleuchtet.

Sie vernahm, wie die Martiniere Madelon fortbrachte, die leise seufzte und jammerte: „Ach! – auch sie – auch sie haben die Grausamen betört. – Ich Elende – armer, unglücklicher Olivier!" – Die Töne drangen der Scuderi ins Herz, und aufs Neue regte sich aus dem tiefsten Innern heraus die Ahnung eines Geheimnisses, der Glaube an Oliviers Unschuld. Bedrängt von den widersprechendsten Gefühlen, ganz außer sich rief die Scuderi: „Welcher Geist der Hölle hat mich in die entsetzliche Geschichte verwickelt, die mir das Leben kosten wird!" (S. 41 f.)

E. T. A. Hoffmann (1776–1822), Das Fräulein von Scuderi

Test 3

Verfasse nun eine Charakteristik von Olivier Brusson. Lege wieder die Textauszüge zu Grunde und arbeite mit Zitaten.

Olivier Brusson

Die Erkundigungen der Scuderi

Die Scuderi, von Madelons namenlosen Leiden auf das Tiefste gerührt und ganz geneigt, den armen Olivier für unschuldig zu halten, zog Erkundigungen ein, und fand alles bestätigt, was Madelon über das häusliche Verhältnis des Meisters mit seinem Gesellen erzählt hatte. Die Hausleute, die Nachbarn rühmten einstimmig den Olivier als das Muster eines sittigen, frommen, treuen, fleißigen Betragens, niemand wusste Böses von ihm (…). (S. 34 f.)

Desgrais, ein Mitglied der Justiz, über Olivier

Er fleht, er beschwört uns, ihm eine Unterredung mit Euch zu verschaffen, Euch nur, Euch allein will er alles gestehen. Lasst Euch herab, mein Fräulein, Brussons Bekenntnis zu hören.(…) Er spricht von Euch mit inbrünstiger Verehrung. (S. 43)

Olivier über Madelon

Madelon, das fromme, engelsreine Kind, hing an ihm (Cardillac) mit abgöttlischer Liebe. Das Herz durchbohrt' es mir, wenn ich daran dachte, dass, träfe einmal die Rache den verlarvten Bösewicht, sie ja, mit aller höllischen List des Satans getäuscht, der grässlichsten Verzweiflung unterliegen müsse. Schon das verschloss mir den Mund, und hätt ich den Tod des Verbrechers dulden müssen. (S. 53 f.)

E. T. A. Hoffmann (1776–1822), Das Fräulein von Scuderi

Test 4

Schreibe einen kurzen Schluss, in dem du die Hauptgedanken zusammenfasst.

5 Lyrik interpretieren

Formaler und inhaltlicher Aufbau

Der Begriff **Lyrik** stammt aus dem antiken Griechenland. Gedichtete Gesänge wurden hier auf der Lyra, einem Saiteninstrument, begleitet. Heute bezeichnet die Lyrik neben Epik und Dramatik eine der drei literarischen Gattungen.

Besondere Merkmale der Lyrik sind ihre Bildhaftigkeit sowie ihre ganz eigene syntaktische, lautliche und rhythmische Form. Im Vergleich zu den beiden anderen literarischen Gattungen oder auch zu unserer Alltagssprache besitzt die Lyrik sozusagen musikalische Eigenschaften: Sie ist Wort für Wort durchkomponiert und ihre Sprache daher sehr dicht. Manche Literaturexperten halten sie sogar für die kunstvollste Form von Dichtung überhaupt.

Bei vielen Gedichten erkennt man schon an der äußeren Form, dass sie einen wohl durchdachten Aufbau besitzen: Sie sind in **Strophen** gegliedert. Auch die einzelnen Gedichtzeilen – die **Verse** – zeigen, dass der formale Aufbau eines Gedichts offenbar anders ist als der eines Prosatextes.

Natürlich ist der formale Aufbau nicht losgelöst vom inhaltlichen Aufbau zu betrachten. Er kann sogar wichtige Hinweise auf die Aussage des Gedichts geben. Wenn du die Sinnabschnitte eines Gedichts erfasst hast, bist du dem Gesamtsinn schon ein großes Stück näher gekommen. Gedichte sind schließlich kunstvolle Kompositionen, d. h. die Teile haben alle einen Bezug zum Ganzen.

Formaler und inhaltlicher Aufbau

Ein Gedicht kann in einzelne **Strophen** gegliedert sein.
Die einzelnen Zeilen eines Gedichts nennt man **Verse**.

Zum **inhaltlichen** und **formalen Aufbau** eines Gedichts gehören:
a) einzelne **Sinnabschnitte** (evtl. identisch mit den Strophen), in denen jeweils ein bestimmtes Gefühl, ein Gedanke oder eine Beschreibung im Mittelpunkt stehen und die oft an **sprachlichen Besonderheiten** (z. B. Häufung bestimmter Verbformen oder Adjektive etc.) zu erkennen sind;
b) die Hinführung (evtl. **Steigerung**) zu einem emotionalen oder gedanklichen Höhepunkt;
c) der emotionale oder gedankliche **Höhepunkt**;
d) der **Ausklang** (evtl. identisch mit dem Höhepunkt), in dem mitunter ein Fazit oder eine Moral formuliert wird.

Der **formale** und **inhaltliche Aufbau** der einzelnen **Sätze** kann verschiedene Besonderheiten aufweisen:
a) Das Satzende reicht über das Versende hinaus **(Enjambement)**;
b) Aufeinanderfolge von Sätzen oder Satzteilen mit gleichem oder ähnlichem Inhalt bzw. gleicher Form **(Parallelismus)**;
c) Aufeinanderfolge von Sätzen bzw. Satzteilen mit gegensätzlichem Aufbau oder Inhalt **(Antithetik)**;
d) Überkreuzstellung von syntaktisch oder semantisch gleichen Satzgliedern **(Chiasmus)**, z. B. „Ich weiß nicht, was ich will, – ich will nicht, was ich weiß“;
e) Steigerung eines Satzes oder Satzteils durch einen Folgesatz oder -satzteil **(Klimax)**;
f) Grammatische Unvollständigkeit eines Satzes **(Ellipse)**.

Der **Aufbau** der Einzelsätze steht oft in engem **Zusammenhang** mit der **inhaltlichen Aussage** des Gedichts (z. B. Häufung kurzer Fragesätze: Veranschaulichung von Unruhe, Zweifel, Eile).

1.
Die beiden Strophen des folgenden Gedichts sind mit dessen Sinnabschnitten identisch. Erläutere inwiefern dies so ist. Gib auch den Inhalt beider Strophen mit deinen Worten wieder.

Wenn die Rosen ewig blühten …

Wenn die Rosen ewig blühten,
Die man nicht vom Stock gebrochen,
Würden sich die Mädchen hüten,
Wenn die Bursche nächtlich pochen.

Aber, da der Sturm vernichtet,
Was die Finger übrigließen,
Fühlen sie sich nicht verpflichtet,
Ihre Kammern zu verschließen.

Friedrich Hebbel (1813–1863)

2.
Welche Besonderheiten des Satzaufbaus und welche sonstigen sprachlichen Besonderheiten kennzeichnen jeweils die beiden Strophen? In welchem Zusammenhang stehen sie mit der Gedichtaussage?

3.
Wo liegt der Höhepunkt des Gedichts? Begründe deine Meinung.

4.
Gib den Strophen des folgenden Gedichts knappe Überschriften.

Sachliche Romanze

Als sie einander acht Jahre kannten
(und man darf sagen: sie kannten sich gut),
kam ihre Liebe plötzlich abhanden.
Wie andern Leuten ein Stock oder Hut.

Sie waren traurig, betrugen sich heiter,
versuchten Küsse, als ob nichts sei,
und sahen sich an und wußten nicht weiter.
Da weinte sie schließlich. Und er stand dabei.

Vom Fenster aus konnte man Schiffen winken.
Er sagte, es wäre schon Viertel nach Vier
und Zeit, irgendwo Kaffee zu trinken.
Nebenan übte ein Mensch Klavier.

Sie gingen ins kleinste Café am Ort
und rührten in ihren Tassen.
Am Abend saßen sie immer noch dort.
Sie saßen allein, und sie sprachen kein Wort
und konnten es einfach nicht fassen.

Erich Kästner (1899–1974)

5.
Wo liegt der Höhepunkt? Wie wird dieser Höhepunkt vorbereitet?

6.

a) Wo beginnt der Ausklang dieses Gedichts? Fasse ihn mit eigenen Worten zusammen.

b) In welchem Zusammenhang steht dieser Ausklang mit dem Titel „Sachliche Romanze"?

7.

Welche formalen bzw. inhaltlichen Besonderheiten zeigt der Aufbau der Sätze, Verse und Strophen dieses Gedichts?

8.

Welche Besonderheiten im Aufbau der Sätze zeigt das folgende Gedicht?

Freudvoll und leidvoll

Freudvoll
Und leidvoll
Gedankenvoll sein,
Langen
Und bangen
In schwebender Pein,
Himmelhoch jauchzend,
Zum Tode betrübt;
Glücklich allein
Ist die Seele, die liebt.

Johann Wolfgang von Goethe (1749–1832)

9.

Der bekannte Literaturkritiker Marcel Reich-Ranicki überschreibt seine Interpretation dieses Gedichts mit „Die schwebende Pein".

Inwiefern wird die „schwebende Pein", von der im Gedicht die Rede ist, durch die Besonderheiten im Aufbau der Sätze unterstrichen?

10.

Gliedere das folgende Gedicht in Sinnabschnitte. Gib den Abschnitten kurze Überschriften.

Die Liebenden

Sieh jene Kraniche in großem Bogen!
Die Wolken, welche ihnen beigegeben
Zogen mit ihnen schon, als sie entflogen
Aus einem Leben in ein andres Leben.
In gleicher Höhe und mit gleicher Eile
Scheinen sie alle beide nur daneben.
Daß so der Kranich mit der Wolke teile
Den schönen Himmel, den sie kurz befliegen
Daß also keines länger hier verweile
Und keines andres sehe als das Wiegen
Des andern in dem Wind, den beide spüren
Die jetzt im Fluge beieinander liegen
So mag der Wind sie in das Nichts entführen
Wenn sie nur nicht vergehen und sich bleiben
So lange kann sie beide nichts berühren
So lange kann man sie von jedem Ort vertreiben
Wo Regen drohen oder Schüsse schallen.
So unter Sonn und Monds wenig verschiedenen Scheiben
Fliegen sie hin, einander ganz verfallen.
Wohin, ihr? – Nirgend hin. – Von wem davon? – Von allen.
Ihr fragt, wie lange sind sie schon beisammen?
Seit kurzem. – Und wann werden sie sich trennen? Bald.
So scheint die Liebe Liebenden ein Halt.

Bertolt Brecht (1898–1956)

11.

Welche Besonderheiten im Aufbau der Sätze sind in diesem Gedicht zu erkennen? In welchem Zusammenhang stehen sie mit der Gedichtaussage?

12.

Wo liegen Höhepunkt und Ausklang des Gedichts und was beinhalten sie?

Die Bildhaftigkeit von Gedichten

Eine der besonderen Eigenschaften der Lyrik ist ihre Bildhaftigkeit. Mit unterschiedlichen Mitteln lassen Gedichte Bilder in den Köpfen ihrer Leserinnen und Leser entstehen. Die Dichte dieser Bilder führt auch dazu, dass lyrische Texte relativ kurz sind und dennoch sehr komplexe Botschaften enthalten können. Gedichte darf man also nicht nur wörtlich nehmen, wenn man sie verstehen will. Sie stoßen bei Leserin oder Leser Assoziationen, innere Bilder, Gefühle oder weiterführende Gedanken an.
Für eine gelungene Gedichtinterpretation ist es wichtig, die bildhaften Signale eines Gedichts bewusst wahrzunehmen und in ihrer Wirkung zu untersuchen.

Die Bildhaftigkeit von Gedichten

Ein typisches Merkmal von Gedichten ist ihre **Bildhaftigkeit**, also die meist dichte Abfolge sprachlicher Bilder, von sprachlichen Elementen mit stark erweitertem Bedeutungsgehalt.
Bei diesen Bildern kann es sich um **visuelle**, aber auch um **akustische Vorstellungen**, meist verbunden mit bestimmten **Stimmungen**, handeln.

Oft werden **Stimmungen** oder Gedanken durch die anschauliche **Darstellung äußerer Gegebenheiten** indirekt vermittelt (z. B. ein nebliger Herbstabend als Hinweis auf ein Gefühl von Einsamkeit).

Zu den bildhaften Stilfiguren gehören besonders
die **Metapher** (Bedeutungsübertragung; z. B. „etwas durch eine rosarote Brille sehen“),
die **Allegorie** (konkrete Darstellung von Abstraktem; z. B. „der Sensenmann“ für „Tod“),
die **Personifikation**/Vermenschlichung; z. B. „der blinde Zufall“),
das **Symbol** (Sinnbild, das über seine Bedeutung hinaus auf etwas Allgemeingültiges verweist; z. B. „Krone“ für „Macht/Erfolg“),

die **Synästhesie** (Verbindung unterschiedlicher Sinneseindrücke; z. B. „dunkler Ton"),
die **Synekdoche** (ein Teil steht für das Ganze, z. B. „ein kluger Kopf" für „ein kluger Mensch") und
der **Vergleich** (Hervorhebung der Gemeinsamkeit zweier Wortbedeutungen; z. B. „bärenstark"/„stark wie ein Bär").

Auch **Wortneuschöpfungen** bzw. die **ungewöhnliche Verwendung** von Wörtern können die Bildhaftigkeit eines Gedichts unterstützen. Neben der Wortwahl kann auch die **Lautform** (z. B. Häufung bestimmter Konsonanten oder Vokale) eine bestimmte bildhafte Wirkung hervorrufen.

Sogar die **syntaktische Form** (z. B. eine Ellipse, also ein unvollständiger Satz, als Ausdruck von Eile, Stress), bestimmte **Wortformen** (z. B. der Konjunktiv als Ausdruck der Irrealität) oder **eine auffällige äußere Form** (z. B. Vers- oder Strophenlänge) können bestimmte Sachverhalte veranschaulichen, also bildhaft wirken.
Manchmal setzt ein Dichter sogar die **grafische Form** seines Gedichts ein, um den Gedichtinhalt zu veranschaulichen (z. B. durch ein Ideogramm, also eine bildhaft wirkende Buchstaben-/Wörteranordnung).

1.

Gib zunächst den Inhalt des folgenden Gedichts mit deinen Worten wieder und beschreibe die Stimmung, die in diesem Gedicht herrscht.

Sachliche Romanze

Als sie einander acht Jahre kannten
(und man darf sagen: sie kannten sich gut),
kam ihre Liebe plötzlich abhanden.
Wie andern Leuten ein Stock oder Hut.

Sie waren traurig, betrugen sich heiter,
versuchten Küsse, als ob nichts sei,
und sahen sich an und wußten nicht weiter.
Da weinte sie schließlich. Und er stand dabei.

Vom Fenster aus konnte man Schiffen winken.
Er sagte, es wäre schon Viertel nach Vier
und Zeit, irgendwo Kaffee zu trinken.
Nebenan übte ein Mensch Klavier.

Sie gingen ins kleinste Café am Ort
und rührten in ihren Tassen.
Am Abend saßen sie immer noch dort.
Sie saßen allein, und sie sprachen kein Wort
und konnten es einfach nicht fassen.

Erich Kästner (1899–1974)

2.

Wo beschreibt das Gedicht „Sachliche Romanze" Gefühle direkt und wo indirekt, d. h. durch die Beschreibung äußerer Gegebenheiten? Erläutere die indirekten Gefühlshinweise.

3.

Durch welche Mittel des Satzbaus und der äußeren Form wird der Stimmungseindruck dieses Gedichts unterstützt?

4.
Welche sprachlichen Bilder enthält das folgende Gedicht? Was bedeuten sie jeweils?

Herz

Leicht fiel' das Herz uns in die Hosen,
Würd es nicht auf das Zwerchfell stoßen.
Gefährlich, gar in unsern Tagen,
Ists, auf der Zunge es zu tragen.
Man lasse es noch bestenfalls,
Aus Angst wohl klopfen bis zum Hals
Und nehms, wenn man das nötig fände,
Mit Vorsicht fest in beide Hände!
Doch hat dies alles wenig Zweck:
Man laß es auf dem rechten Fleck!

Eugen Roth (1895–1976)

5.
Ersetze die folgenden Ausdrücke jeweils durch eine bildhafte Stilfigur und benenne die Art dieser Stilfigur.

1. Alter ______
2. Gerechtigkeit ______
3. Liebe ______
4. hohe Töne ______
5. Macht ______
6. Leben ______
7. Der Wind macht ein lautes Geräusch ______
8. mutig ______
9. ignorant ______
10. psychisch unangenehm/schmerzhaft ______
11. angenehm/schön ______
12. Gefühl/Seele ______
13. Treppenstufen knarren ______
14. eine großartige Sängerin ______

6.

Welche sprachlichen Mittel bewirken die Bildhaftigkeit des folgenden Gedichts?

Mondnacht

Es war, als hätt' der Himmel
Die Erde still geküßt,
Daß sie im Blütenschimmer
Von ihm nun träumen müßt.

Die Luft ging durch die Felder,
Die Ähren wogten sacht,
Es rauschten leis die Wälder,
So sternklar war die Nacht.

Und meine Seele spannte
Weit ihre Flügel aus,
Flog durch die stillen Lande,
Als flöge sie nach Haus.

Joseph von Eichendorff (1788–1857)

7.

Das folgende Gedicht stammt von Ernst Jandl, einem der bekanntesten Vertreter der experimentellen Literatur im Deutschland des zwanzigsten Jahrhunderts. Im Mittelpunkt seines Schaffens standen so genannte Sprechgedichte, in denen der Dichter mit Lauten experimentiert. Das folgende Gedicht versteht sich als Antikriegsgedicht und nimmt als Basismaterial das Wort „Schützengraben".

a) Wie erklären sich die Konsonanten dieses Gedichts? Erläutere besonders, wie der Konsonant „m" entsteht.
b) Welche Lautwirkung besitzt diese Konsonantenhäufung?

schtzngrmm
schtzngrmm
t-t-t-t
t-t-t-t
grrrmmmmm
t-t-t-t
s——c——h
tzngrmm
tzngrmm
tzngrmm
grrrmmmmm
schtzn
schtzn
t-t-t-t
t-t-t-t
schtzngrmm
schtzngrmm
tssssssssssssssssssss
grrt
grrrrrt
grrrrrrrrrt
scht
scht
t-t-t-t-t-t-t-t-t
scht
tzngrmm
tzngrmm
t-t-t-t-t-t-t-t-t
scht
scht
scht
scht
grrrrrrrrrrrrrrrrrrrrrrrrrrrr
t-tt

Ernst Jandl (1925–2000)

8.

Welche Assoziationen wecken die verschiedenen Konsonantenreihen des Gedichts von Ernst Jandl?

9.

Vergleiche Anfangs- und Schlusszeile. Auf welche Wörter spielen diese Zeilen an? Was bedeutet dies für die gesamte Gedichtaussage?

10.

Inwiefern veranschaulicht die grafische und orthografische Form des folgenden Ideogramms seinen wörtlichen Inhalt?

s
s s
t
t t
s t e t s
t t
t
s s
s

Timm Ulrichs (*1940)

11.

Welche sprachlichen Bilder und welche sprachlichen und grafischen Besonderheiten veranschaulichen den Inhalt des folgenden Gedichts?

Augen in der Großstadt

Wenn du zur Arbeit gehst
am frühen Morgen,
wenn du am Bahnhof stehst
mit deinen Sorgen:
da zeigt die Stadt
dir asphaltglatt
im Menschentrichter
Millionen Gesichter:
Zwei fremde Augen, ein kurzer Blick,
die Braue, Pupillen, die Lider –
Was war das? Vielleicht dein Lebensglück …
Vorbei, verweht, nie wieder.

Du gehst dein Leben lang
auf tausend Straßen;
du siehst auf deinem Gang,
die dich vergaßen.
Ein Auge winkt,
die Seele klingt;
du hasts gefunden,
nur für Sekunden …
Zwei fremde Augen, ein kurzer Blick,
die Braue, Pupillen, die Lider;
Was war das? kein Mensch dreht die Zeit zurück …
Vorbei, verweht, nie wieder.

Du mußt auf deinem Gang
durch Städte wandern;
siehst einen Pulsschlag lang
den fremden Andern.
Es kann ein Feind sein,
es kann ein Freund sein,
es kann im Kampfe dein
Genosse sein.
Es sieht hinüber
und zieht vorüber …
Zwei fremde Augen, ein kurzer Blick,
die Braue, Pupillen, die Lider.
Was war das?
Von der großen Menschheit ein Stück!
Vorbei, verweht, nie wieder.

Kurt Tucholsky (1890–1935)

12.

Welche übertragene Bedeutung besitzt der Inhalt des gesamten Gedichts? Kreuze eine oder mehrere Lösungen an und begründe deine Entscheidung mit einzelnen Formulierungen des Gedichts.

a) Moderne Großstädte sind zu dicht bevölkert. ☐

b) Wenn man keine Freunde hat, kann man sich sehr einsam fühlen. ☐

c) In der modernen Zeit ist man ständig unterwegs, weil man nicht zur Ruhe kommt. ☐

d) Der Einzelne ist in der modernen Massengesellschaft nur Teil der Masse und trotz vieler Menschen in seiner Nähe eigentlich allein. ☐

e) Der Mensch und sein Wesen bleiben ewig ein Rätsel. ☐

f) Die moderne Gesellschaft ist in ständiger Bewegung, und es gibt keine dauerhaften sozialen Beziehungen. ☐

g) Die moderne Massengesellschaft überfordert die Menschen mit einer Flut von Konsumreizen. ☐

h) Das Leben des modernen Menschen bleibt letztlich einsam, ohne dauerhafte soziale Beziehungen und ohne nachhaltige Bedeutung. ☐

i) Das menschliche Leben ist hektisch und schnell vorbei. ☐

Aus der Perspektive des lyrischen Ichs

In jeder Erzählung gibt es einen Erzähler, der dem Leser das Geschehen vermittelt. Dieser Erzähler muss nicht mit dem Autor identisch sein. Der Autor kann einen Erzähler erfinden, hinter den er zurücktritt.
Auch Gedichte besitzen einen fiktiven Sprecher, dessen Perspektive und Stimmung ganz wesentlich die Gedichtaussage prägen. Den fiktiven Sprecher eines Gedichts nennt man auch das lyrische Ich.
Für das Verständnis eines Gedichts ist es von großer Bedeutung, das lyrische Ich, also die Perspektive und Stimmung, zu interpretieren.
Diese bestimmen ganz entscheidend, wie ein Gedicht auf uns wirkt und welche Aussage ihm zu Grunde liegt.

Aus der Perspektive des lyrischen Ichs

Jedes Gedicht ist aus einer bestimmten **Perspektive** und in einer bestimmten **Stimmung** geschrieben. Man nennt dies auch das **lyrische Ich**.
Biografische Informationen über den Dichter können bei der Interpretation des lyrischen Ichs hilfreich sein.
Das lyrische Ich kann **direkt** durch **die Ich-Form** und entsprechende pronominale Formen in Erscheinung treten.
Es kann aber auch **indirekt** durch eine bestimmte Sprache und eine bestimmte Sicht der Dinge den Gesamteindruck des Gedichts bestimmen.
In beiden Fällen erkennst du das lyrische Ich besonders an:
a) dem gewählten Wirklichkeitsausschnitt, also seinem **Thema**,
b) deutlich **wertenden** Formulierungen (z. B. herrlich, furchtbar, wunderschön),
c) **emotional** aufgeladenen Formulierungen (z. B. Sehnsucht, Verzweiflung),

→

d) **assoziationsreichen** Formulierungen (z. B. Nebelkälte, Gluthitze des Sommers),
e) auffälligen **bildhaften** Formulierungen (z. B. Vergleiche, Metaphern),
f) der im gesamten Gedicht vorherrschenden **Stimmung** (z. B. Fröhlichkeit, Traurigkeit, Zorn).

Auch ein **Mangel an lyrischen Formulierungen** (b–e) kann dem Interpreten Hinweise auf das lyrische Ich geben.

1.
Welches Thema hat der Dichter des folgenden Gedichts gewählt und an welchen Formulierungen ist dies im Einzelnen zu erkennen?

Inventur

Dies ist meine Mütze,
dies ist mein Mantel,
hier mein Rasierzeug
im Beutel aus Leinen.

Konservenbüchse:
Mein Teller, mein Becher,
ich hab in das Weißblech
den Namen geritzt.

Geritzt hier mit diesem
kostbaren Nagel,
den vor begehrlichen
Augen ich berge.

Im Brotbeutel sind
ein Paar wollene Socken
und einiges, was ich
niemand verrate,

so dient es als Kissen
nachts meinem Kopf.
Die Pappe hier liegt
zwischen mir und der Erde.

Die Bleistiftmine
lieb ich am meisten:
Tags schreibt sie mir Verse,
die nachts ich erdacht.

Dies ist mein Notizbuch,
dies ist meine Zeltbahn,
dies ist mein Handtuch,
dies ist mein Zwirn.

Günter Eich (1907–1972)

2.

Das Gedicht enthält viele pronominale Formen der 1. Person. Was bedeutet dies?

3.

An welchen Stellen wirkt das Gedicht lyrisch? Welchen Anteil haben diese Formulierungen an der Sprache des gesamten Gedichts?

4.

Welche Stimmung spricht aus diesem Gedicht? Welche Formulierungen rufen diese Stimmung besonders hervor?

5.

Beschreibe das lyrische Ich und seine Lebenssituation. Berücksichtige dabei auch folgende biografische Daten des Dichters.

Günter Eich: 1907–1972, u.a. Vertreter einer politisch-gesellschaftskritischen Nachkriegsliteratur.

Entstehungszeit des Gedichts: 1945–1946 während der amerikanischen Kriegsgefangenschaft des Autors, Teil der so genannten „Trümmerliteratur“ nach 1945.

6.

Erläutere die evtl. bildhafte Bedeutung des Titels „Inventur“.

7.

Das folgende Gedicht stammt aus der Zeit des Barock. Beliebte Motive dieser Zeit waren einerseits die Mahnung des „Memento mori“ (Denke daran, dass du sterblich bist!) und andererseits die Aufforderung des „Carpe diem“ (Genieße die Gegenwart!).

Ach Liebste / laß vns eilen /
    Wir haben Zeit:
Es schadet das verweilen
    Vns beyderseit.
Der edlen Schönheit Gaben
    Fliehn fuß für fuß:
Das alles was wir haben
    Verschwinden muß.
Der Wangen Ziehr verbleichet /
    Das Haar wird greiß /
Der Augen Fewer weichet /
    Die Brunst wird Eiß.
Das Mündlein von Corallen
    Wird vngestalt /
Die Händ' als Schnee verfallen /
    Vnd du wirst alt.
Drumb laß vns jetzt geniessen
    Der Jugend Frucht /
Eh' als wir folgen müssen
    Der Jahre Flucht.
Wo du dich selber liebest /
    So liebe mich /
Gieb mir / das / wann du giebest /
    Verlier auch ich.

Martin Opitz (1597–1639)

Wo werden in diesem Gedicht die zentralen Motive des Barock, das „Memento mori“ und das „Carpe diem“, angesprochen? Wie hängen beide zusammen?

8.
Untersuche die Verwendung und die Abfolge pronominaler Formen im Gedicht. Was sagt dies über die Absicht des lyrischen Ichs aus?

9.
Welche Formulierungen zeigen besonders die emotionale Situation und die Perspektive des lyrischen Ichs?

10.
Welche Gesamtwirkung hat das Gedicht? Wähle aus der folgenden Liste aus. An welchen Formulierungen ist dies besonders gut zu erkennen?

a) Es wirkt wie der Brief eines frisch Verliebten. ☐

b) Es wirkt wie eine lyrische Grabinschrift. ☐

c) Es wirkt wie eine Überzeugungsrede für die Liebe. ☐

d) Es wirkt wie eine erste schüchterne Annäherung. ☐

e) Es wirkt wie ein Loblied auf die Schönheit und die Liebe. ☐

f) Es wirkt wie eine Warnung davor, sich zu sehr auf etwas Irdisches einzulassen. ☐

11.
Was drückt das lyrische Ich im Kontext des gesamten Gedichts mit der Formulierung „Wir haben Zeit“ aus?

Die klangliche und rhythmische Form

Die Lyrik bedient sich u. a. der Gestaltungsmittel Klang und Rhythmus. Diese musikalische Form der Lyrik bedeutet natürlich nicht, dass in ihr Inhalte keine Rolle spielen. Oft gibt es sogar eine enge Verbindung von Inhalt und Form. Die Form kann die inhaltliche Aussage eines Gedichts unterstreichen. Klang und Rhythmus bringen die emotionale Aussage eines Gedichts sozusagen zum Klingen.
Daher stellt die Analyse dieser formalen Besonderheiten einen wichtigen Zugang zur Interpretation der lyrischen Aussage dar.

Die klangliche und rhythmische Form

Gedichte haben nicht die übliche Form von Texten mit einer Zeilenlänge, die meist von der Seitenbreite abhängt, sondern einen häufig strengen Aufbau einzelner Zeilen, der **Verse**.
Oft sind die Verse in bestimmten Sinnabschnitten zusammengefasst, den **Strophen**.
Die **klangliche Form** eines Gedichts wird besonders geprägt durch:
a) Wiederholung von Buchstaben an Wortanfängen **(Alliteration)**,
b) Wiederholung von Wörtern (z. B. am Vers-/Satzanfang: **Anapher**, am Vers-/Satzende: **Epipher**),
c) Wiederholung gleich bzw. ähnlich lautender Silben in verschiedenen Versen **(Reime)**.

Man unterscheidet die folgenden **Reimformen:**
a) männlicher Reim (einsilbig; z. B. kalt – bald),
b) weiblicher Reim (zweisilbig; z. B. Reiter – heiter),
c) reicher Reim (dreisilbig; z. B. singende – klingende).

Die **Stellung** der reimtragenden Wörter in den Versen kann unterschiedlich sein:
a) Die ersten Wörter sind reimtragend **(Anfangsreim)**.
b) Die Wörter in der Versmitte sind reimtragend **(Binnenreim)**.
c) Die reimtragenden Wörter folgen unmittelbar aufeinander **(Schlagreim)**.
d) Die reimtragenden Wörter stehen am Versende **(Endreim)**.

Endreime bilden unterschiedliche **Reimstrukturen:**

a) Ein Vers reimt sich jeweils auf den vorangegangenen (**Paarreim:** aa, bb).

b) Ein Vers reimt sich jeweils auf den übernächsten (**Kreuzreim:** abab).

c) Ein Paarreim liegt zwischen zwei Reimversen (**umschlingender Reim:** abba).

Die Reimstruktur einer Strophe drückt man durch gleiche **Buchstaben** für jeden Reim mit gleichen Reimsilben aus (z. B. 1. Strophe: abab; 2. Strophe: bcbc).

Die Unterbrechung der klaren Reimform eines Gedichts wirkt als **Assonanz** (unreiner Reim) oder **Dissonanz** (Unterbrechung der Reimform) und betont z. B. eine negative Aussage.

Auch die **Häufung bestimmter Vokale** (z. B. heller oder dunkler) beeinflusst die klangliche Wirkung.

Die **rhythmische Wirkung** eines Gedichts wird besonders durch die Abfolge **betonter** und **unbetonter Silben** erzielt (Versfuß).

Wenn dieser Abfolge ein bestimmtes Schema zu Grunde liegt, spricht man von einem **Metrum** (Versmaß).

Die häufigsten regelmäßigen Metren sind:

a) Die Abfolge von unbetonter und betonter Silbe (**Jambus**/steigend (z. B. „Auf Flügeln des Gesanges“).

b) Die Abfolge von betonter und unbetonter Silbe (**Trochäus**/fallend; z. B. „Rückwärts, rückwärts, Don Rodrigo“).

c) Die Abfolge von einer betonten und zwei unbetonten Silben (**Daktylus**/doppelt fallend; z. B. „Pfingsten das liebliche Fest war gekommen (...)“).

d) Die Abfolge von zwei unbetonten und einer betonten Silbe (**Anapäst**/langsam steigend; z. B. „Wie mein Glück, ist mein Lied“).

Der **Rhythmus** kann in enger **Verbindung zur inhaltlichen Aussage** eines Gedichts stehen.

1.

Welche Anaphern und Alliterationen, welche Reimform und Reimstruktur, welche Dissonanz und Assonanz und welche Häufungen dunkler bzw. heller Vokale enthält Goethes Gedicht „Der Fischer“?

Der Fischer

Das Wasser rauscht, das Wasser schwoll,
Ein Fischer saß daran,
Sah nach dem Angel ruhevoll,
Kühl bis ans Herz hinan.
Und wie er sitzt und wie er lauscht,
Teilt sich die Flut empor:
Aus dem bewegten Wasser rauscht
Ein feuchtes Weib hervor.

Sie sang zu ihm, sie sprach zu ihm:
Was lockst du meine Brut
Mit Menschenwitz und Menschenlist
Hinauf in Todesglut?
Ach, wüßtest du, wie's Fischlein ist
So wohlig auf dem Grund,
Du stiegst herunter, wie du bist,
Und würdest erst gesund.

Labt sich die liebe Sonne nicht,
Der Mond sich nicht im Meer?
Kehrt wellenatmend ihr Gesicht
Nicht doppelt schöner her?
Lockt dich der tiefe Himmel nicht,
Das feuchtverklärte Blau?
Lockt dich dein eigen Angesicht
Nicht her in ew'gen Tau?

Das Wasser rauscht', das Wasser schwoll,
Netzt' ihm den nackten Fuß;
Sein Herz wuchs ihm so sehnsuchtsvoll
Wie bei der Liebsten Gruß.
Sie sprach zu ihm, sie sang zu ihm,
Da war's um ihn geschehn:
Halb zog sie ihn, halb sank er hin
Und ward nicht mehr gesehn.

Johann Wolfgang von Goethe (1749–1832)

2.

Welche Bedeutung hat die Anapher des ersten Verses „Das Wasser (...) das Wasser“ für die lyrische Aussage? Wähle aus und begründe deine Wahl.

a) Die innere Ruhe des Fischers wird unterstrichen. ☐

b) Die drängende Bewegung des Wassers wird besonders veranschaulicht. ☐

c) Die Natur steht im Mittelpunkt des Gedichts. ☐

d) Die innere Unruhe des Fischers wird verdeutlicht. ☐

3.

Welche Bedeutung hat die Alliteration des neunten Verses „(...) sang (...) sprach“ für die lyrische Aussage?

a) Die Wiederholung des „s“ veranschaulicht das Unheimliche der Nixe. ☐

b) Die Wiederholung des „s“ veranschaulicht ihre Schwimmbewegungen. ☐

c) Die Wiederholung des „s“ veranschaulicht ihren verführerischen Ton. ☐

d) Die Wiederholung des „s“ veranschaulicht das Plätschern des Wassers. ☐

4.

Welche Bedeutung besitzen die weiteren Alliterationen bzw. Anaphern des Gedichts für die lyrische Aussage?

5.

Vergleiche die reimtragenden Silben von erster und letzter Strophe. Was fällt dir auf?

6.

Welche inhaltliche Aussage wird dadurch unterstützt?

7.

Welchen Bezug zum Gedichtinhalt haben die Dissonanz, die Assonanz und die Häufungen bestimmter Vokale?

8.

Lies das folgende Gedicht von Bertolt Brecht. Benenne

a) die Reimformen (männliche oder weibliche Reime?) und

b) die Reimstruktur des Gedichts.

Die Liebenden

Sieh jene Kraniche in großem Bogen!
Die Wolken, welche ihnen beigegeben
Zogen mit ihnen schon, als sie entflogen
Aus einem Leben in ein andres Leben.
In gleicher Höhe und mit gleicher Eile
Scheinen sie alle beide nur daneben.
Daß so der Kranich mit der Wolke teile
Den schönen Himmel, den sie kurz befliegen
Daß also keines länger hier verweile
Und keines andres sehe als das Wiegen
Des andern in dem Wind, den beide spüren
Die jetzt im Fluge beieinander liegen
So mag der Wind sie in das Nichts entführen
Wenn sie nur nicht vergehen und sich bleiben
So lange kann sie beide nichts berühren
So lange kann man sie von jedem Ort vertreiben
Wo Regen drohen oder Schüsse schallen.
So unter Sonn und Monds wenig verschiedenen Scheiben
Fliegen sie hin, einander ganz verfallen.
Wohin, ihr? – Nirgend hin. – Von wem davon? – Von allen.
Ihr fragt, wie lange sind sie schon beisammen?
Seit kurzem. – Und wann werden sie sich trennen? Bald.
So scheint die Liebe Liebenden ein Halt.

Bertolt Brecht (1898–1956)

9.

Inwiefern gibt die Reimstruktur diesem Gedicht eine Gliederung, obwohl es keine Strophen gibt?

10.

In welchem Zusammenhang steht die Veränderung der zunächst verwendeten Reimformen und der vorherrschenden Reimstruktur mit der lyrischen Aussage?

11.
Wo entsteht eine Dissonanz? Inwiefern veranschaulicht sie die lyrische Aussage?

12.
Welchen Rhythmus besitzt das Gedicht „Die Liebenden“? Wo gibt es eine deutliche Rhythmusänderung?

13.
Inwiefern unterstreicht diese Rhythmusänderung die lyrische Aussage?

14.
Bestimme jeweils das Metrum der folgenden Verse.

a) Da steh ich nun, ich armer Tor,
und bin so klug als wie zuvor.

(Goethe, Faust)

b) Hat der alte Hexenmeister
Sich doch einmal wegbegeben!
Und nun sollen seine Geister
Auch nach meinem Willen leben!

(Goethe, Der Zauberlehrling)

c) Schon trübet der Mond sich verschwindenden Scheins,
Die Glocke, sie donnert ein mächtiges Eins (...).

(Goethe, Der Totentanz)

d) Und es wallet und siedet und brauset und zischt,
Wie wenn Wasser mit Feuer sich mengt,
Bis zum Himmel spritzet der dampfende Gischt (...).

(Schiller, Der Taucher)

Test

Eine Gedichtinterpretation verlangt von dir, dass du die Aspekte „formaler und inhaltlicher Aufbau“, „Bildhaftigkeit“, „lyrisches Ich“ sowie „klangliche und rhythmische Form“ miteinander verbindest, den Inhalt des Gedichts wiedergibst und einen schlüssig gegliederten Text formulierst. Du musst also mehr tun als nur die einzelnen Gesichtspunkte einer Interpretation nacheinander behandeln.

Für deinen ausformulierten Text brauchst du eine systematische Vorbereitung. Beim Schreiben sollst du ja den roten Faden behalten und eine klar gegliederte Interpretation aufbauen.
Auch wenn Gedichte sehr subjektive Gebilde sind und ihre Interpretation alles andere als ein mathematischer Beweis ist, können einige handwerkliche Regeln dabei sehr hilfreich sein.

Informiere dich über den Autor, die Entstehungszeit und evtl. über den Anlass des Gedichts und mache dir entsprechende Notizen.

Lies das Gedicht zunächst laut vor und mache dir dann Stichworte zu seiner klanglichen, rhythmischen und emotionalen **Wirkung**.

Analysiere nun genauer, wie diese Wirkung zustande kommt.
Halte dazu stichwortartig fest:

a) den **Inhalt** des Gedichts (evtl. nach Strophen gegliedert),
b) die **äußere Form** des Gedichts (Strophen, Verse, Reimformen, Reimstruktur, Rhythmus),
c) besondere **sprachliche Mittel** (Wortwahl, Wortformen, Satzaufbau, semantische, lautliche und grafische Bildhaftigkeit).

Formuliere nun deine **Gesamtinterpretation**. Sie besteht aus:

a) der **Einleitung** (historischer und biografischer Hintergrund der Entstehung und kurze Zusammenfassung des Inhalts, erster Eindruck),
b) der kurzen Analyse der **äußeren Form**,
c) der schrittweisen (evtl. für jede Strophe) Zusammenfassung des **Gedichtinhalts** (einschließlich der Überschrift) und der damit zusammenhängenden besonderen **formalen und sprachlichen Mittel**,
d) der **Beschreibung des lyrischen Ichs** (Perspektive und Stimmung) abgeleitet aus dem Thema, dem Inhalt sowie formalen und sprachlichen Besonderheiten des Gedichts,
e) der Interpretation der Gesamtaussage als Zusammenfassung von a–d und unter Rückbezug auf die Überschrift.

Das folgende Gedicht stammt von Bertolt Brecht (1898–1956), der als einer der bedeutendsten deutschsprachigen Dramatiker des 20. Jahrhunderts gilt. Brecht hat sich aber auch als Lyriker hervorgetan. Besonders in seinen Dramen vertrat Brecht ein Weltbild, das stark von den Normen der damaligen Zeit abwich. Seine Literatur war kritisch und oft politisch. Brecht sympathisierte stark mit dem Kommunismus. Schon als Sechzehnjähriger hatte er wegen eines pazifistischen Aufsatzes fast die Schule verlassen müssen. Vom jungen Brecht stammt der auf seine neue Theaterkonzeption bezogene Ausspruch: „Glotzt nicht so romantisch!"

Brecht schrieb das Gedicht „Erinnerung an die Marie A." kurz nach dem Ende des Ersten Weltkriegs im Alter von etwa 22 Jahren. Diese Zeit war geprägt durch große Not der unteren Schichten sowie erhebliche politisch-gesellschaftliche und diese begleitende moralische Veränderungen: Die deutsche Gesellschaft begann die starren Konventionen der Kaiserzeit abzuwerfen. Bertolt Brecht beschritt als junger Dramenautor sehr unkonventionelle Wege, während er sich in der Form (nicht aber im Inhalt) seiner Lyrik eher an klassischen Vorbildern orientierte.

Erinnerung an die Marie A.

1

An jenem Tag im blauen Mond September
Still unter einem jungen Pflaumenbaum
Da hielt ich sie, die stille bleiche Liebe
In meinem Arm wie einen holden Traum.
Und über uns im schönen Sommerhimmel
War eine Wolke, die ich lange sah
Sie war sehr weiß und ungeheuer oben
Und als ich aufsah, war sie nimmer da.

2

Seit jenem Tag sind viele, viele Monde
Geschwommen still hinunter und vorbei.
Die Pflaumenbäume sind wohl abgehauen
Und fragst du mich, was mit der Liebe sei?
So sag ich dir: Ich kann mich nicht erinnern
Und doch, gewiß, ich weiß schon, was du meinst.
Doch ihr Gesicht, das weiß ich wirklich nimmer
Ich weiß nur mehr: ich küßte es dereinst.

3

Und auch den Kuß, ich hätt ihn längst vergessen
Wenn nicht die Wolke dagewesen wär
Die weiß ich noch und werd ich immer wissen
Sie war sehr weiß und kam von oben her.
Die Pflaumenbäume blühn vielleicht noch immer
Und jene Frau hat jetzt vielleicht das siebte Kind
Doch jene Wolke blühte nur Minuten
Und als ich aufsah, schwand sie schon im Wind.

Bertolt Brecht (1898–1956)

Test 1

Welche der oben genannten biografischen Daten aus Brechts Leben könnten in einem Zusammenhang mit diesem Gedicht stehen?

Test 2

Lies das Gedicht laut vor. Welche klangliche, rhythmische und emotionale Gesamtwirkung hat das Gedicht (stichwortartig)?

Test 3

Fasse den Inhalt des Gedichts nach Strophen gegliedert stichwortartig zusammen.

Test 4

Welche äußere Form besitzt das Gedicht (stichwortartig)?

Test 5

Welche besonderen sprachlichen Mittel verwendet das Gedicht (stichwortartig)?

Test 6

Schreibe nun eine Interpretation des Gedichts und gliedere diese folgendermaßen:

a) Einleitung und kurze Analyse der äußeren Form (Reimstruktur, Gliederung),
b) Zusammenfassung des Gedichtinhalts nach Strophen unter Einbeziehung der jeweiligen formalen (Aufbau, Klang etc.) und sprachlichen Mittel,
c) Beschreibung des lyrischen Ichs sowie dessen Perspektive und Stimmung,
d) Zusammenfassende Interpretation der Gesamtaussage des Gedichts.

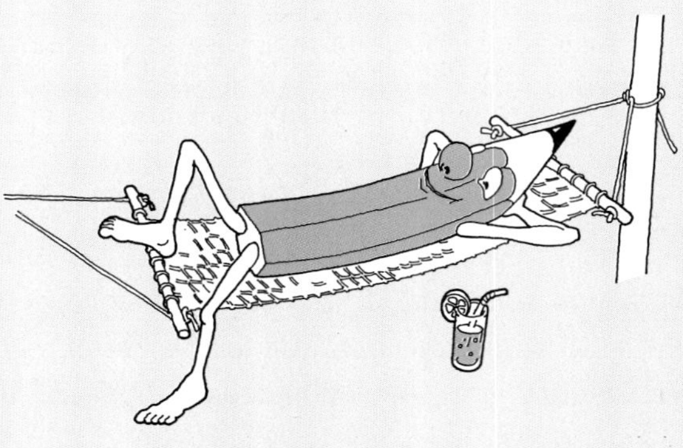

6 Dramen interpretieren

Personen und ihre Beziehungen

Die Dramatik ist neben Lyrik und Epik eine der drei literarischen Gattungen. Mit dem Begriff „Drama“ werden diejenigen literarischen Texte benannt, die für die Aufführung auf einer Theaterbühne bestimmt sind. Eigentlich könnte man auch die Drehbücher für Kino- oder Fernsehfilme dazu zählen. Denn all diesen Texten ist gemeinsam, dass sie nicht nur gelesen, sondern dargestellt, gespielt und damit visualisiert werden sollen.
Auch wenn man unter dem Begriff „Drama“ nur „Theaterstück“ versteht, ist die Unterschiedlichkeit der damit bezeichneten Texte groß. Schon in älterer Zeit konnte es sich bei einem Drama um eine Tragödie, also ein Trauerspiel, eine Komödie, also ein Lustspiel, aber auch um ein Puppenspiel oder eine Oper, also ein Theaterstück mit Musik handeln.
Bis weit ins 20. Jahrhundert hinein galt für die meisten Theaterstücke eine einheitliche Grundform, ein Rahmen, der in der Antike von dem Philosophen Aristoteles begründet worden war. Die Dramen, die sich an diesen Grundsätzen orientierten, waren konventionell und dienten nicht zuletzt der Unterhaltung. Der berühmteste deutsche Theaterdichter des 20. Jahrhunderts, Bertolt Brecht, setzte sein so genanntes episches Theater, ein Theater mit gesellschaftskritischer Absicht, gegen diese traditionelle Konzeption. Bis heute existieren beide Formen nebeneinander und haben schon lange Konkurrenz von Mischformen oder völlig neuen Theaterkonzeptionen wie dem absurden oder dem dokumentarischen Theater bekommen. Mit dieser Modernisierung des Theaters ist allerdings auch verbunden, dass die strengen Grenzen zwischen den literarischen Gattungen – Epik, Lyrik und Dramatik – nicht mehr beachtet werden. So nennt sich Brechts Theater bewusst episches Theater, es schließt erzählende, aber auch lyrische Elemente mit ein.
In den folgenden Abschnitten wird immer wieder deutlich, dass zwischen einer traditionellen und einer modernen Theaterkonzeption oft große Unterschiede bestehen.

Der Begriff „Drama“ kommt aus dem Griechischen und heißt so viel wie „Handlung“. Im Mittelpunkt jedes Dramas stehen handelnde Personen. Sie können und sollen das Interesse der Zuschauer wecken. Sie können vielleicht sogar so wirken, dass wir für sie Partei ergreifen oder uns sogar mit ihnen identifizieren, d.h. mit ihnen leiden und uns mit ihnen freuen. Es

kann aber auch sein, dass sie zwar unser Interesse wecken, nicht aber unser Mitgefühl, dass sie uns neugierig machen, uns aber ansonsten emotional nicht berühren.
Das Denken und Fühlen der dramatischen Personen können wir nur aus ihren Handlungen entnehmen. Dabei spielen besonders so genannte Sprechhandlungen eine wichtige Rolle. Aus ihnen werden der Charakter und die Bedeutung einer Person für die gesamte dramatische Handlung deutlich.

Personen und ihre Beziehungen

Im Mittelpunkt jedes Dramas stehen **Personen**, die vor Beginn eines Dramentextes vollständig aufgelistet werden (das Personeninventar).
Das **Personeninventar** kann über die Namen der Personen hinaus auch weitere für das Verständnis des Dramas wichtige **Informationen** beinhalten (Beziehungen der Personen zueinander, ihre gesellschaftliche Stellung, Zeit und Ort der dramatischen Handlung etc.).
Die dramatischen Personen bestimmen meist mit ihren **Handlungen** den Ablauf der gesamten dramatischen Handlung.
Ihre Handlungen sind vorwiegend **Sprechhandlungen**. Bei den meisten Sprechhandlungen handelt es sich um **Dialoge** (Zwiegespräche) bzw. Gespräche zwischen mehreren Personen, seltener ist der **Monolog** (Selbstgespräch oder Rede).
Bei den Dialogen kann es sich um die **unterschiedlichsten Sprechhandlungen** handeln, mit denen das Gegenüber angesprochen bzw. beeinflusst wird (z. B. Vorwurf, Frage, Bitte, Beschimpfung etc.).
Hier spielt auch die Wahl **sprachlicher Mittel** (z. B. Frage, Ausruf, Scheinfrage, Befehlsform, unvollständiger bzw. abgebrochener Satz) eine wichtige Rolle.
Durch ihre Handlungen bauen die Personen eines Dramas untereinander **Beziehungen** auf (z. B. Freundschaft, Feindschaft, Interessengemeinschaft, Liebe, Hass), die wiederum ihr Handeln beeinflussen.
Die **nichtsprachlichen** (kommunikativen oder physischen) **Handlungen** ersetzen oft Sprechhandlungen, unterstreichen diese bzw. begründen weitere Sprechhandlungen.

Die Personen können mit festen (im traditionellen Drama) oder mit sich immer wieder verändernden **Persönlichkeitsmerkmalen** (im modernen Theater) dargestellt werden.
Das Handeln einer Person kann auch nur durch **äußere Umstände** und ohne Darstellung einer bestimmten Persönlichkeit erklärt werden (im modernen Theater).
Es können auch Personen auftreten, die **nicht in die dramatische Handlung eingebunden** sind und diese z. B. nur kommentieren (vorwiegend im modernen Drama).
Ihr Aussagen bilden wichtige **Hinweise zur Interpretation** der gesamten Bedeutung des Dramas.

1.
Die folgenden Personeninventare stammen aus zwei modernen Dramen.

Welche Informationen sind in diesen Personeninventaren enthalten (Zeit und Ort der Handlung, Beziehungen der Personen untereinander, ihre gesellschaftliche Stellung)?
Worauf wird der Leser bei diesen beiden Personeninventaren neugierig?

a) *Personen:*

Andri
Barblin
Der Lehrer
Die Mutter
Die Senora
Der Pater
Der Soldat
Der Wirt
Der Tischler
Der Doktor
Der Geselle
Der Jemand

Stumm:

Ein Idiot
Die Soldaten in schwarzer Uniform
Der Judenschauer
Das andorranische Volk

Max Frisch (1911–1991), Andorra, S. 8

b) *Personen*

Die Besucher	Claire Zachanassian, geb. Wäscher Multimillionärin (Armenian-Oil)	
	Ihre Gatten VII–IX	
	Der Butler	
	Toby Roby	kaugummikauend
	Koby Loby	blind
Die Besuchten	Ill	
	Seine Frau	
	Seine Tochter	
	Sein Sohn	
	Der Bürgermeister	
	Der Pfarrer	
	Der Lehrer	
	Der Arzt	
	Der Polizist	
	Der Erste Der Zweite Der Dritte Der Vierte	Bürger
	Der Maler	
	Erste Frau	
	Zweite Frau	
	Fräulein Luise	
Die Sonstigen	Bahnhofsvorstand	
	Zugführer	
	Kondukteur	
	Pfändungsbeamter	
Die Lästigen	Pressemann I	
	Pressemann II	
	Radioreporter	
	Kameramann	

Friedrich Dürrenmatt (1921–1990), Der Besuch der alten Dame, S. 11f.

2.

Im folgenden Dialog aus Schillers Drama „Wilhelm Tell“ (1804) geht es um einen wichtigen politischen Konflikt, von dem sogar familiäre Beziehungen betroffen sind. Attinghausen, ein hoher Schweizer Adliger, streitet mit seinem Neffen Rudenz, einem Ritter.

A)

ATTINGHAUSEN. Ich sehe dich gegürtet und gerüstet,
Du willst nach Altdorf in die Herrenburg?
RUDENZ. Ja Oheim, und ich darf nicht
länger säumen –
ATTINGHAUSEN *(setzt sich).*
Hast du's so eilig? Wie? Ist deiner Jugend
Die Zeit so karg gemessen, dass du sie
An deinem alten Oheim musst ersparen?
RUDENZ. Ich sehe, dass Ihr meiner nicht bedürft,
Ich bin ein Fremdling nur in diesem Hause.
ATTINGHAUSEN *(hat ihn lange mit den Augen gemustert).*
Ja, leider bist du's. Leider ist die Heimat
Zur Fremde dir geworden! – Uli! Uli!
Ich kenne dich nicht mehr. In Seide prangst du,
Die Pfauenfeder trägst du stolz zur Schau,
Und schlägst den Purpurmantel um die Schultern,
Den Landmann blickst du mit Verachtung an
Und schämst dich seiner traulichen Begrüßung.
RUDENZ. Die Ehr', die ihm gebührt, geb ich ihm gern,
Das Recht, das er sich nimmt, verweigr' ich ihm.
ATTINGHAUSEN. Das ganze Land liegt unterm schweren Zorn
Des Königs – Jedes Biedermannnes Herz
Ist kummervoll ob der tyrannischen Gewalt
Die wir erdulden – Dich allein rührt nicht
Der allgemeine Schmerz – Dich siehet man
Abtrünnig von den Deinen auf der Seite
Des Landesfeindes stehen, unsrer Not
Hohnsprechend nach der leichten Freude jagen,
Und buhlen um die Fürstengunst, indes
Dein Vaterland von schwerer Geißel blutet.

RUDENZ. Das Land ist schwer bedrängt – Warum mein Oheim?
Wer ist's, der es gestürzt in diese Not?
Es kostete ein einzig leichtes Wort,
Um augenblicks des Dranges los zu sein,
Und einen gnäd'gen Kaiser zu gewinnen.
Weh ihnen, die dem Volk die Augen halten,
Dass es dem wahren Besten widerstrebt.

Friedrich Schiller (1759–1805), Wilhelm Tell, Vers 769 ff.

Welche der folgenden Sprechhandlungen sind in diesem Dialog enthalten? Ordne ihnen jeweils passende Dialogzeilen zu.

Bewunderung ausdrücken ______________________________

bitten ______________________________

sich beschweren ______________________________

ermuntern ______________________________

hänseln ______________________________

Vorwürfe machen ______________________________

seine Verachtung ausdrücken ______________________________

beleidigen ______________________________

sich lustig machen ______________________________

anspornen ______________________________

sich entschuldigen ______________________________

erklären ______________________________

drohen ______________________________

sich rechtfertigen ______________________________

einen Rat geben ______________________________

loben ______________________________

3.

Auch in dem folgenden Szenenausschnitt aus Max Frischs Drama „Andorra“ (1961) geht es um einen Konflikt, der eine Familie spaltet.

B)

LEHRER Ich hab getrunken, Andri, die ganze Nacht, um dir die Wahrheit zu sagen – ich hab zuviel getrunken …

ANDRI Das scheint mir auch. (…)

LEHRER *wankt*

ANDRI Tu nicht, als ob du noch denken könntest.

LEHRER Du verachtest mich …

ANDRI Ich schau dich an. Das ist alles. Ich habe dich verehrt. Nicht weil du mein Leben gerettet hast, sondern weil ich glaubte, du bist nicht wie alle, du denkst nicht ihre Gedanken, du hast Mut. Ich hab mich verlassen auf dich. Und dann hat es sich gezeigt, und jetzt schau ich dich an.

LEHRER Was hat sich gezeigt? …

ANDRI *schweigt*

LEHRER Ich denke nicht ihre Gedanken, Andri, ich hab ihnen die Schulbücher zerrissen, ich wollte andre haben –

ANDRI Das ist bekannt.

LEHRER Weißt du, was ich getan habe?

ANDRI Ich geh jetzt.

LEHRER Ob du weißt, was ich getan habe …

ANDRI Du hast ihnen die Schulbücher zerrissen.

LEHRER – ich hab gelogen.

Pause

(…)

ANDRI Um sieben muß ich im Laden sein, Stühle verkaufen, Tische verkaufen, Schränke verkaufen, meine Hände reiben.

LEHRER Warum mußt du deine Hände reiben?

ANDRI „Kann man finden einen bessern Stuhl? Wackelt das? Ächzt das? Kann man finden einen billigeren Stuhl?“

Der Lehrer starrt ihn an.

Ich muß reich werden.

LEHRER Warum mußt du reich werden?

ANDRI Weil ich Jud bin.

LEHRER Mein Sohn –!

ANDRI Faß mich nicht wieder an!

LEHRER *wankt*
ANDRI Du ekelst mich.
LEHRER Andri –
ANDRI Heul nicht.
LEHRER Andri –
ANDRI Geh pissen.
LEHRER Was sagst du?

Max Frisch (1911–1991), Andorra, S. 52f.

Welche der folgenden Sprechhandlungen sind in diesem Dialog enthalten? Ordne ihnen jeweils passende Dialogzeilen zu.

Bewunderung ausdrücken ____________________

bitten ____________________

sich beschweren ____________________

ermuntern ____________________

hänseln ____________________

Vorwürfe machen ____________________

seine Verachtung ausdrücken ____________________

beleidigen ____________________

sich lustig machen ____________________

anspornen ____________________

sich entschuldigen ____________________

erklären ____________________

drohen ____________________

sich rechtfertigen ____________________

einen Rat geben ____________________

loben ____________________

4.
Vergleiche die Rolle von Rudenz mit der des Lehrers sowie die Attinghausens mit der Andris. Welche Parallelen und welche Unterschiede sind zu erkennen?

5.
Mit welchen sprachlichen Mitteln äußern sich die Dialogpartner und wie wirken diese im Einzelnen?

6.
Welche Bedeutung haben die nichtsprachlichen Handlungen in den beiden Dialogen?

7.
Welche Wirkung auf die weitere Beziehung der Dialogpartner könnten die beiden Szenen jeweils haben? Schreibe einen kleinen Text und verwende darin passende Wörter aus der folgenden Liste.

sich näher kennen lernen

aneinander verzweifeln

fest miteinander verbunden sein

sich einander entfremden

hassen

lieben

einander vertraut sein

einander respektieren

einander fürchten

sich auf den anderen verlassen

8.
In den folgenden Dramenausschnitten erklären und bewerten die jeweiligen dramatischen Personen ihr Verhalten. Dabei zeigt sich, dass je nach dramatischer Konzeption die Beweggründe für menschliches Handeln sehr unterschiedlich gesehen werden können.

In Bertolt Brechts Drama „Der gute Mensch von Sezuan“ (1938/40) steht die Prostituierte Shen Te im Mittelpunkt des Geschehens. Die Götter haben sie dazu ausgesucht, ihnen zu beweisen, dass es auf der Erde noch möglich sei, ein guter Mensch zu sein.

A)

Shen Te tritt auf, in den Händen die Maske und den Anzug des Shui Ta und singt

„DAS LIED VON DER WEHRLOSIGKEIT DER GÖTTER UND GUTEN“

In unserem Lande
Braucht der Nützliche Glück. Nur
Wenn er starke Helfer findet
Kann er sich nützlich erweisen.
Die Guten
Können sich nicht helfen, und die Götter sind
        machtlos.
  Warum haben die Götter nicht Tanks und Kanonen
  Schlachtschiffe und Bombenflugzeuge und Minen
  Die Bösen zu fällen, die Guten zu schonen?
  Es stünde wohl besser mit uns und mit ihnen.

(…)

Sie setzt die Maske des Shui Ta auf und fährt mit seiner Stimme zu singen fort.

Um zu einem Mittagessen zu kommen
Braucht es der Härte, mit der sonst Reiche gegründet
        werden.
Ohne zwölf zu zertreten
Hilft keiner einem Elenden.
  Warum sagen die Götter nicht laut in den obern
        Regionen
  Daß sie den Guten nun einmal die gute Welt schulden?
  Warum stehn sie den Guten nicht bei mit Tanks
        und Kanonen
Und befehlen: Gebt Feuer! und dulden kein Dulden?

Bertolt Brecht (1898–1956), Der gute Mensch von Sezuan, S. 65 f.

In Max Frischs Theaterstück „Andorra" steht Andri, ein junger Mann, im Mittelpunkt. Sein Vater, der Lehrer, behauptet, er habe den Juden Andri aus dem Land der „Schwarzen" gerettet. In Wirklichkeit verschleiert er aber damit nur, dass Andri sein unehelicher Sohn ist. In der folgenden Szene befindet sich Andri in einem Dialog mit einem Geistlichen („Hochwürden").

B)

ANDRI Seit ich höre, hat man mir gesagt, ich sei anders, und ich habe geachtet drauf, ob es so ist, wie sie sagen. Und es ist so, Hochwürden: Ich bin anders. Man hat mir gesagt, wie meinesgleichen sich bewege, nämlich so und so, und ich bin vor den Spiegel getreten fast jeden Abend. Sie haben recht: Ich bewege mich so und so. Ich kann nicht anders. Und ich habe geachtet auch darauf, ob's wahr ist, daß ich alleweil denke ans Geld, wenn die Andorraner mich beobachten und denken, jetzt denke ich ans Geld, und sie haben abermals recht: Ich denke alleweil ans Geld. Es ist so. Und ich habe kein Gemüt, ich hab's versucht, aber vergeblich: Ich habe kein Gemüt, sondern Angst. Und man hat mir gesagt, meinesgleichen ist feig. Auch darauf habe ich geachtet. Viele sind feig, aber ich weiß es, wenn ich feig bin. Ich wollte es nicht wahrhaben, was sie mir sagten, aber es ist so. Sie haben mich mit Stiefeln getreten, und es ist so, wie sie sagen: Ich fühle nicht wie sie. Und ich habe keine Heimat. Hochwürden haben gesagt, man muß das annehmen, und ich hab's angenommen. Jetzt ist es an euch, Hochwürden, euren Jud anzunehmen.

Max Frisch (1911–1991), Andorra, S. 80

In Friedrich Schillers Drama „Wilhelm Tell“ geht es um den Widerstand der Schweizer gegen die tyrannische Herrschaft des kaiserlichen Landvogts. Das Drama basiert auf einer alten Schweizer Sage, die auf historische Ereignisse im späten 15. Jahrhundert zurückgeht.
Der Ritter Rudenz macht zunächst gemeinsame Sache mit der Fremdherrschaft, bis der Landvogt Geßler Wilhelm Tell wegen dessen ungehorsamer Haltung zum berühmten Apfelschuss zwingt. Tell soll mit der Armbrust auf einen Apfel schießen, der auf dem Kopf seines eigenen Sohnes liegt. In dieser Situation ergreift Rudenz gegenüber dem Landvogt zum ersten Mal Partei für seine Landsleute.

C)

RUDENZ. Mein Volk verließ ich, meinen Blutsverwandten
Entsagt ich, alle Bande der Natur
Zerriss ich, um an Euch mich anzuschließen –
Das Beste aller glaubt' ich zu befördern,
Da ich des Kaisers Macht befestigte –
Die Binde fällt von meinen Augen – Schaudernd
Seh ich an einen Abgrund mich geführt –
Mein freies Urteil habt Ihr irrgeleitet,
Mein redlich Herz verführt – Ich war daran,
Mein Volk in bester Meinung zu verderben.

Friedrich Schiller (1759–1805), Wilhelm Tell, Vers 2011 ff.

Sind die Äußerungen Shen Tes, Andris und Rudenz' jeweils eher dialogisch oder monologisch? Begründe deine Meinung.

9.
Wer von den drei Sprechern zeigt in seinen Äußerungen, dass sein Handeln in erster Linie durch seine Persönlichkeit und die eigene Einsicht bestimmt wird? Begründe deine Entscheidung.

10.
Welche Faktoren bestimmen offenbar das Handeln der beiden anderen Sprecher?

Der Aufbau eines Dramas

Wenn man ein Drama verstehen möchte, muss man sich ebenso wie ein Dramenautor beim Schreiben über den dramatischen Aufbau klar werden. Dieser Aufbau kann sehr unterschiedlich aussehen. Hier spielt eine große Rolle, ob es sich um ein traditionelles oder um ein modernes Drama handelt. Die Regeln für traditionelle Dramen waren ursprünglich recht streng. Das klassische aristotelische Drama musste sogar in genau fünf Akte gegliedert sein, also sozusagen fünf dramatische Abschnitte besitzen. Für moderne Dramen existieren keine strengen Vorschriften mehr. Aber jeder Autor wählt sehr bewusst einen ganz bestimmten Aufbau, also eine bestimmte Gliederung seines Theaterstücks, nicht zuletzt, um eine bestimmte Wirkung zu erzielen.
Wenn man verstehen möchte, wie ein Dramenautor arbeitet und welche Absicht er mit seinem Stück verfolgt, ist eine Beschäftigung mit dem Dramenaufbau unumgänglich.

Der Aufbau eines Dramas

Die meisten Dramen sind in einzelne **Abschnitte** gegliedert – auf der Bühne am Öffnen bzw. Schließen des Vorhangs zu erkennen. Diese dramatischen Abschnitte werden meist als **Akte, Aufzüge, Szenen oder Bilder** bezeichnet.
Die **Handlung** eines Dramas kann **linear**, also stetig fortschreitend verlaufen, so dass die einzelnen dramatischen Abschnitte **kausal** miteinander **verbunden** sind, oder auch in Kurven oder Kreisen, so dass die einzelnen Abschnitte nicht Schritte einer fortschreitenden Handlung darstellen, also nicht aufeinander aufbauen, und z. B. von Exkursen oder musikalischen Einlagen unterbrochen werden.
Bei einem Drama mit linear fortschreitender Handlung (besonders bei klassischen Dramen) kann es auch **Groß- und Unterabschnitte** (z. B. Aufzüge und Szenen) geben, wodurch die enge Verzahnung besonders deutlich wird.

Besonders Dramen der klassischen Form mit linear fortschreitender Handlung besitzen einen Pyramiden-Aufbau mit **steigender** und **fallender** Handlung.
Sie enthalten folgende Elemente:
- eine **Exposition**, also eine bestimmte Ausgangssituation,
- einen zentralen **Konflikt** – auch erregendes oder spannendes Moment genannt,
- einen **Höhepunkt**, auch Peripetie genannt, mit dem der Konflikt gelöst wird,
- eine **zweite spannende Phase**, die das Ende noch hinauszögert, auch retardierendes Moment genannt,
- und das **Ende**.

Das **Ende** kann als Happy End oder als Katastrophe **geschlossen** sein (besonders beim klassischen Drama) oder den weiteren Fortgang der Handlung **offen** lassen und damit die Fantasie bzw. den Verstand des Zuschauers herausfordern.

1.

In Bertolt Brechts Drama „Der gute Mensch von Sezuan“ kommen drei Götter auf die Erde. Sie sollen herausfinden, ob es noch gute Menschen gibt, die menschenwürdig leben können. Andernfalls – so lautete der Götterbeschluss – müsse die Welt verändert werden. Auf ihrer mühsamen Suche finden die drei Götter schließlich die Prostituierte Shen Te, die ihnen als einzige Unterkunft gewährt, und die daraufhin von den Göttern in die Rolle des guten Menschen gedrängt wird, damit sie ihre Mission „erfolgreich“ beenden können. Eine Veränderung der Welt wollen und können die Götter nicht leisten.

Die folgenden Sprechtexte stammen aus dem Vorspiel, also der ersten Szene des Stücks, und aus der letzten Szene.

A)

DER ERSTE GOTT Schwanken macht nichts, wenn man nur siegt. Wisse, daß du uns mehr gabst als ein Nachtquartier. Vielen, darunter sogar einigen von uns Göttern, sind Zweifel aufgestiegen, ob es überhaupt noch gute Menschen gibt. Hauptsächlich um dies festzustellen, haben wir unsere Reise angetreten. Freudig setzen wir sie jetzt fort, da wir einen schon gefunden haben. Auf Wiedersehen!

B)

DER ERSTE GOTT *heftig:* (…) Sollen wir eingestehen, dass unsere Gebote tödlich sind? Sollen wir verzichten auf unsere Gebote? *Verbissen:* Niemals! Soll die Welt geändert werden? Wie? Von wem? Nein, es ist alles in Ordnung!
Er schlägt schnell mit dem Hammer auf den Tisch.
Und nun –
Auf ein Zeichen von ihm ertönt Musik. Eine rosige Helle entsteht.

Laßt uns zurückkehren. Diese kleine Welt
Hat uns sehr gefesselt. Ihr Freud und Leid
Hat uns erquickt und uns geschmerzt. Jedoch
Gedenken wir dort über den Gestirnen
Deiner, Shen Te, des guten Menschen, gern
Die du von unserm Geist hier unten zeugst
In kalter Finsternis die kleine Lampe trägst.
Leb wohl, mach's gut!

Bertolt Brecht (1898–1956), Der gute Mensch von Sezuan, S. 15f., S. 140f.

Zeigen diese beiden Sprechtexte, dass die Handlung von der ersten bis zur letzten Szene linear, also fortschreitend, oder kreisförmig verlaufen ist? Begründe deine Meinung mit einzelnen Formulierungen.

2.

In Max Frischs Drama „Andorra" behauptet ein Lehrer, dass Andri, der in seiner Familie lebt, ein von ihm geretteter Jude sei. Damit vertuscht er aber nur, dass Andri in Wahrheit sein unehelicher Sohn ist. Der Andorraner Andri wird damit von allen als Jude betrachtet und muss mit vielen Vorurteilen kämpfen.

Die folgenden Ausschnitte gehören zu den ersten drei Szenen („Bildern") und zur letzten Szene des Stückes und sind jeweils ein wichtiger Teil der Szenenhandlung.

A)

SOLDAT Ich sage: Pfui Teufel!
Der Soldat schlägt ihm das Geld aus der Hand und lacht.
Da!
Andri starrt den Soldaten an.

So'n Jud denkt alleweil nur ans Geld.
Andri beherrscht sich mit Mühe, dann bückt er sich und sammelt die Münzen auf dem Pflaster.
Also du willst dich nicht beliebt machen?
ANDRI Nein.
SOLDAT Das steht fest?
ANDRI Ja.
SOLDAT Und für deinesgleichen sollen wir kämpfen?

Max Frisch (1911–1991), Andorra, S. 21

B)

BARBLIN (Andris Freundin) Warum gibst du mir keinen Kuß?
ANDRI Ich bin wach, Barblin, ich denke.
BARBLIN Die ganze Nacht.
ANDRI Ob's wahr ist, was die andern sagen.
(...)
Findest du, sie haben recht?
BARBLIN Fang jetzt nicht wieder an!
(...)
ANDRI Meinesgleichen, sagen sie, hat kein Gefühl.
(...)
Meinesgleichen, sagen sie, ist geil, aber ohne Gemüt, weißt du –

Max Frisch (1911–1991), Andorra, S. 25

C)

ANDRI Heut ist Sonnabend.
TISCHLER Was hat das damit zu tun?
ANDRI Wegen meiner Lehrlingsprobe. Sie haben gesagt: Am letzten Sonnabend in diesem Monat. Hier ist mein erster Stuhl.
Der Tischler nimmt einen Stuhl.
Nicht dieser, Meister, der andere!
TISCHLER Tischler werden ist nicht einfach, wenn's einer nicht im Blut hat. Nicht einfach. Woher sollst du's im Blut haben. Das hab ich deinem Vater aber gleich gesagt. Warum gehst du nicht in den Verkauf? Wenn einer nicht aufgewachsen ist mit dem Holz, siehst du, mit unserem Holz – lobpreiset eure Zedern vom Libanon (Anspielung auf einen Psalm und damit auf Andris vermeintlich jüdische Herkunft), aber hierzuland wird in andorranischer Eiche gearbeitet, mein Junge.

ANDRI Das ist Buche.
(…)
TISCHLER *versucht ein Stuhlbein auszureißen.*
ANDRI Meister, das ist aber nicht meiner!
TISCHLER Da –
Der Tischler reißt ein erstes Stuhlbein aus.
Was hab ich gesagt?
(…)
Nichts als Ärger hat man mit dir, das ist der Dank, wenn man deinesgleichen in die Bude nimmt, ich hab's ja geahnt.

Max Frisch (1911–1991), Andorra, S. 31 f.

D)

Der Judenschauer tritt nochmals zu Andri und wiederholt die Musterung, dann kehrt er die Hosentaschen von Andri, Münzen fallen heraus, die Andorraner weichen vor dem rollenden Geld, als ob es Lava wäre, der Soldat lacht.
SOLDAT Judengeld.
DOKTOR Der irrt sich nicht …
LEHRER Was Judengeld? Euer Geld, unser Geld. Was habt ihr denn andres in euren Taschen?
(…)
Andri ist von schwarzen Soldaten umringt und nicht zu sehen, als man seinen Schrei hört, dann Stille.
Andri wird abgeführt.

Max Frisch (1911–1991), Andorra, S. 112 f.

Erläutere, was in diesen Szenenausschnitten geschieht und welche Ursachen oder Motive für die Handlungen der dramatischen Figuren deutlich werden.

3.
Sind diese Szenen Teil einer linearen Handlung, einer kausalen Kette oder weitgehend unabhängig voneinander?

4.

In Friedrich Schillers Drama „Wilhelm Tell" geht es um den patriotischen Freiheitskampf der Schweizer gegen die Fremdherrschaft der Habsburger (15. Jahrhundert). Diese Fremdherrschaft stellt Schiller als politische Unterdrückung und brutale Willkürherrschaft dar. Im Mittelpunkt des Dramas steht Wilhelm Tell, ein patriotischer Held.

Die folgenden Ausschnitte gehören zu verschiedenen Szenen.

A)

TELL. Wer ist der Mann, der hier um Hülfe fleht?
KUONI. 's ist ein Alzeller Mann, er hat sein' Ehr'
Verteidigt, und den Wolfenschieß erschlagen,
Des Königs Burgvogt, der auf Roßberg saß –
Des Landvogts Reiter sind ihm auf den Fersen,
Er fleht den Schiffer um die Überfahrt,
Der fürcht't sich vor dem Sturm und will nicht fahren. (...)
TELL. Wohl aus des Vogts Gewalt errett ich Euch,
Aus Sturmes Nöten muss ein andrer helfen.
Doch besser ist's, Ihr fallt in Gottes Hand
Als in der Menschen! (...)
RUODI *(ringt die Hände)*. Gerechtigkeit des Himmels,
Wann wird der Retter kommen diesem Lande?

Friedrich Schiller (1759–1805), Wilhelm Tell, Vers 127 ff.

B)

STAUFFACHER. Was ist zu tun!
GERTRUD *(tritt näher)*.
So höre meinen Rat! Du weißt, wie hier
Zu Schwyz sich alle Redlichen beklagen
Ob dieses Landvogts Geiz und Wüterei.
So zweifle nicht, dass sie dort drüben auch
In Unterwalden und im Urner Land
Des Dranges müd sind und des harten Jochs – (...)
STAUFFACHER. Der wackern Männer kenn ich viele dort,
Und angesehen große Herrenleute,
Die mir geheim sind und gar wohl vertraut. (...)
Und was ich mir zu denken still verbot,
Du sprichst's mit leichter Zunge kecklich aus.

– Hast du auch wohl bedacht, was du mir rätst?
Die wilde Zwietracht und den Klang der Waffen
Rufst du in dieses friedgewohnte Tal –
Wir wagten es, ein schwaches Volk der Hirten,
In Kampf zu gehen mit dem Herrn der Welt?

Friedrich Schiller (1759–1805), Wilhelm Tell, Vers 274 ff.

C)

WALTER FÜRST.
Sorgt nicht, die Nacht weicht langsam aus den Tälern.
(Alle haben unwillkürlich die Hüte abgenommen und betrachten mit stiller Sammlung die Morgenröte.)
RÖSSELMANN. Bei diesem Licht, das uns zuerst begrüßt
Von allen Völkern, die tief unter uns
Schweratmend wohnen in dem Qualm der Städte,
Lasst uns den Eid des neuen Bundes schwören.
– Wir wollen sein ein einzig Volk von Brüdern,
In keiner Not uns trennen und Gefahr.
(Alle sprechen es nach mit erhobenen drei Fingern.)
Eher den Tod, als in der Knechtschaft leben.
(Wie oben.)
– Wir wollen trauen auf den höchsten Gott
Und uns nicht fürchten vor der Macht der Menschen.
(Wie oben. Die Landleute umarmen einander.)

Friedrich Schiller (1759–1805), Wilhelm Tell, Vers 1443 ff.

D)

GESSLER. Ein allzu milder Herrscher bin ich noch
Gegen dies Volk – die Zungen sind noch frei,
Es ist noch nicht ganz wie es soll gebändigt –
Doch es soll anders werden, ich gelob es,
Ich will ihn brechen diesen starren Sinn,
Den kecken Geist der Freiheit will ich beugen.
Ein neu Gesetz will ich in diesen Landen
Verkündigen – Ich will –
(Ein Pfeil durchbohrt ihn, er fährt mit der Hand ans Herz und will sinken. Mit matter Stimme.)
Gott sei mir gnädig! (…)

TELL *(erscheint oben auf der Höhe des Felsen).*
Du kennst den Schützen, suche keinen andern!
Frei sind die Hütten, sicher ist die Unschuld
Vor dir, du wirst dem Lande nicht mehr schaden.

Friedrich Schiller (1759–1805), Wilhelm Tell, Vers 2779ff.

E)

HEDWIG (Tells Frau) *(an seinem Halse).*
O Tell! Tell! Welche Angst litt ich um dich!
(Mönch wird aufmerksam)
TELL. Vergiss sie jetzt und lebe nur der Freude!
Da bin ich wieder! Das ist meine Hütte!
Ich stehe wieder auf dem Meinigen! (…)
TELL *(zurückfahrend).* Ihr seid –
Entsetzen! – Kinder! Kinder, geht hinein.
Geh, liebes Weib! Geh! Geh! – Unglücklicher,
Ihr wäret –
HEDWIG. Gott, wer ist es?
TELL. Frage nicht!
Fort! Fort! Die Kinder dürfen es nicht hören.
Geh aus dem Hause – Weit hinweg – Du darfst
Nicht unter einem Dach mit diesem wohnen.
(…)
TELL *(zu dem Mönch).* Ihr seid der Herzog
Von Österreich – Ihr seid's! Ihr habt den Kaiser
Erschlagen, Euern Oh'm und Herrn.
JOHANNES PARRICIDA. Er war
Der Räuber meines Erbes.
TELL. Euern Oh'm
Erschlagen, Euern Kaiser! Und Euch trägt
Die Erde noch! Euch leuchtet noch die Sonne!
PARRICIDA. Tell, hört mich, eh' Ihr –
TELL. Von dem Blute triefend
Des Vatermordes und des Kaisermords,
Wagst du zu treten in mein reines Haus,
Du wagst's, dein Antlitz einem guten Menschen
Zu zeigen und das Gastrecht zu begehren?

Friedrich Schiller (1759–1805), Wilhelm Tell, Vers 3133ff.

F)

ALLE. Es lebe Tell! Der Schütz und der Erretter!
(...)
BERTA (eine Adlige). Landleute! Eidgenossen! Nehmt mich auf
In Euern Bund, die erste Glückliche,
Die Schutz gefunden in der Freiheit Land.
In Eure tapfre Hand leg ich mein Recht,
Wollt ihr als Eure Bürgerin mich schützen?
LANDLEUTE. Das wollen wir mit Gut und Blut.

Friedrich Schiller (1759–1805), Wilhelm Tell, Vers 3282 ff.

Formuliere mit deinen Worten, worin die Exposition, der zentrale Konflikt, der Höhepunkt, die zweite Spannungsphase und das Ende dieses Dramas bestehen.

5.
Handelt es sich bei der Schlussszene des Wilhelm-Tell-Dramas um ein offenes oder ein geschlossenes Ende? Begründe deine Meinung.

6.
In Max Frischs Drama „Andorra" ist der vermeintliche Jude Andri verhaftet und vermutlich umgebracht worden. Seine Freundin Barblin bleibt als einzige auf dem Platz der Verhaftung zurück.

Wenn die Szene wieder hell wird, kniet Barblin und weißelt das Pflaster des Platzes; Barblin ist geschoren. Auftritt der Pater. Die Musik hört auf.
(...)
PATER Ich bin gekommen, um dich heimzuführen.
BARBLIN Ich weißle.
PATER Ich bin der Pater Benedikt.
BARBLIN *weißelt das Pflaster.*
PATER Ich bin der Pater Benedikt.
BARBLIN Wo, Pater Benedikt, bist du gewesen, als sie unsern Bruder geholt haben wie Schlachtvieh, wie Schlachtvieh, wo? Schwarz bist du geworden, Pater Benedikt ...
(Die Schwarzen sind die Besatzungsmacht, in deren Auftrag Andri verhaftet wurde.)

PATER *schweigt*
BARBLIN Vater ist tot.
PATER Das weiß ich, Barblin.
BARBLIN Und mein Haar?
PATER Ich bete für Andri jeden Tag.
BARBLIN Und mein Haar?
PATER Dein Haar, Barblin, wird wieder wachsen –
BARBLIN Wie das Gras aus den Gräbern.
Der Pater will Barblin wegführen, aber sie bleibt plötzlich stehen und kehrt zu den Schuhen zurück.
PATER Barblin – Barblin ...
BARBLIN Hier sind seine Schuh. Rührt sie nicht an! Wenn er wiederkommt, das hier sind seine Schuh.

Max Frisch (1911–1991), Andorra, S. 116

Handelt es sich bei dieser Schlussszene von „Andorra" um ein geschlossenes oder ein offenes Ende? Begründe deine Meinung.

7.
Welche Fragen bleiben in der folgenden Schlussszene des Dramas „Der gute Mensch von Sezuan" unbeantwortet und ungelöst?

SHEN TE Oh, nicht doch, Erleuchtete! Fahrt nicht weg! Verlaßt mich nicht! (...)
Und mein Leib ist gesegnet, bald ist mein kleiner Sohn da und will essen? Ich kann nicht hier bleiben! (...)
Oh, entfernt euch nicht, Erleuchtete! Ich habe noch nicht alles gesagt! Ich brauche euch dringend! (...)
Hilfe!
DIE GÖTTER
Und lasset, da die Suche nun vorbei
Uns fahren schnell hinan!
Gepriesen sei, gepriesen sei
Der gute Mensch von Sezuan!
Während Shen Te verzweifelt die Arme nach ihnen ausbreitet, verschwinden sie oben, lächelnd und winkend.

Bertolt Brecht (1898–1956), Der gute Mensch von Sezuan, S. 141 f.

Die Wirkung auf den Zuschauer

Die **klassische Tragödie** sollte durch Erregung von Furcht und Mitleid eine psychologische Reinigungswirkung (Katharsis) auslösen. In der Zeit der Klassik wollte man dadurch beim Zuschauer sogar einen tugendhaften, moralischen Charakter formen. Dazu war es von großer Bedeutung, dass der Zuschauer emotional berührt oder sogar erschüttert wurde. Das **moderne Theater** setzt dagegen meist stärker auf den Verstand des kritisch distanzierten Zuschauers. Hier soll die Wirkung nicht mehr im Mitleiden, sondern im Mit- und Weiterdenken bestehen. Allerdings wird in der Regel auch das Gefühl des Zuschauers angesprochen.
Die Wirkungsabsicht eines Dramenautors zeigt sich besonders in der Gestaltung seiner Figuren, ihres Charakters, ihrer Sprechweise und ihres Verhaltens.

Die Wirkung auf den Zuschauer

Dramen früherer Zeiten sollten beim Zuschauer meist die Wirkung der **Illusion** hervorrufen, ihn das Dramengeschehen also als reales Geschehen erleben lassen und ihn damit gefühlsmäßig in die Handlung einbeziehen.
Diese Illusion wurde z. T. dadurch erzielt, dass man eine **Imitation der Wirklichkeit** auf der Bühne versuchte (genaue Angaben zur Gestik und Mimik, realistische Sprech- und Handlungsweise der Figuren, realistisches Bühnenbild usw.).
Damit verbunden war die **Identifikation** mit dem bzw. den Helden des Dramas, d. h. dem Hineinfühlen des Zuschauers in diese Figuren.
Diese Identifikation wurde durch eine **positive Darstellung** und eine **gefühlsbetonte Sprechweise** der dramatischen Figuren gefördert.
Damit verbunden ist die gefühlsmäßige Ablehnung der negativ dargestellten Figuren.
Auch die **Geschlossenheit der dramatischen Handlung** förderte diese Illusion des Zuschauers.
Dies bedeutet u. a., dass die Hintergründe, Ursachen und der Abschluss der Handlung möglichst vollständig dargestellt wurden.

Im Unterschied zu dieser Dramenkonzeption zielt das **moderne Drama** eher auf eine **rational distanzierte Haltung** des Zuschauers. Durch Verfremdungseffekte (B. Brecht) wird immer wieder verdeutlicht, dass das Bühnengeschehen nur gespielt, erfunden und nicht real ist. Es kann auch einen gleichnishaften, einen parabolischen Sinn besitzen **(Parabel-Drama)**.

Verfremdungseffekte werden durch **Unterbrechungen der Handlung**, durch **Ansprachen an die Zuschauer** oder auch die **unrealistische Darstellung** von Handlungsorten oder dramatischen Figuren erreicht.

Damit wird eine Illusionswirkung beim Zuschauer verhindert und seine **rationale Stellungnahme** herausgefordert.

Die Hauptfiguren werden **nicht als Helden** dargestellt, sondern sie zeigen **widersprüchliche Eigenschaften** und eine **weniger gefühlsbetonte Sprechweise** als die dramatischen Figuren früherer Zeiten.

Die dramatische Handlung ist **offen**, es gibt z. B. keinen endgültigen Abschluss der Handlung, der Zuschauer ist aufgefordert, das Stück **weiterzudenken**.

Auch mit Hilfe der **Bühnenanweisungen** kann ein Dramenautor auf den Zuschauer einwirken. In sehr vielen Dramen enthalten die Bühnenanweisungen die folgenden Informationen:

a) Hinweise zum **Bühnenbild**, besonders zum Aussehen eines oder mehrerer Orte, an denen die Dramenhandlung spielt, oder auch zu **Geräuschen oder Musik**;
b) Hinweise zur **Gestik oder Mimik** der handelnden Personen, wichtig besonders für das Verständnis der dazugehörigen Sprechtexte und der Gefühle der sprechenden Personen;
c) Hinweise zu **anderen Handlungen** (evtl. auch wichtig zum Verständnis der Gefühle der handelnden Personen);
d) Hinweise zum **Aussehen** der handelnden Personen;
e) Hinweise zu **Geschehnissen oder Gegebenheiten, die außerhalb des Bühnengeschehens liegen oder auf der Bühne nicht darstellbar sind**.

1.

Die Götter in Brechts „Der gute Mensch von Sezuan“ haben den Auftrag, einen Menschen zu finden, der gut ist und gut leben kann. Dann müsste die Welt nicht verändert werden, und sie könnten sich wieder von der Erde fortbegeben. Obwohl einiges dagegen spricht, erklären sie gleich zu Anfang die Prostituierte Shen Te zu diesem guten Menschen. Die Götter wollen nicht einsehen, dass die Welt verändert werden muss, obwohl in dieser Welt ein menschliches Miteinander nicht möglich ist.
Lies den folgenden Auszug aus der Schlussszene.

SHEN TE Oh, entfernt euch nicht, Erleuchtete! Ich habe noch nicht alles gesagt! Ich brauche euch dringend!
DIE GÖTTER *singen das*

„TERZETT DER ENTSCHWINDENDEN GÖTTER AUF DER WOLKE“

Leider können wir nicht bleiben
Mehr als eine flüchtige Stund:
Lang besehn, ihn zu beschreiben
Schwände hin der schöne Fund.
Eure Körper werfen Schatten
In der Flut des goldnen Lichts
Drum müsst ihr uns schon gestatten
Heimzugehen in unser Nichts.

SHEN TE Hilfe!
DIE GÖTTER
Und lasset, da die Suche nun vorbei
Uns fahren schnell hinan!
Gepriesen sei, gepriesen sei
Der gute Mensch von Sezuan!

Während Shen Te verzweifelt die Arme nach ihnen ausbreitet, verschwinden sie oben, lächelnd und winkend.

Bertolt Brecht (1898–1956), Der gute Mensch von Sezuan, S. 142f.

Mit welchen Mitteln verhindert Brecht, dass das Bühnengeschehen real wirkt?

2.

In Hauptmanns „Die Weber“ (1892) geht es um das Elend und die verzweifelte Rebellion der durch die Industrialisierung verarmten Weber im 19. Jahrhundert. Das Drama endet mit dem Ausbruch des Weberaufstands.

GOTTLIEB *rennt nach der Axt.* Was, was, was! Sein mir tolle Hunde!? Soll'n mir Pulver und Blei fressen stats Brot? *Mit der Axt in der Hand einen Moment lang zögernd, zum Alten:* Soll mir mei Weib derschossen werd'n? Das soll nich geschehen! *Im Fortstürmen:* Ufgepaßt, jetzt komm ich! *Ab.*
DER ALTE HILSE. Gottlieb, Gottlieb!
MUTTER HILSE. Wo ist denn Gottlieb?
DER ALTE HILSE. Beim Teiwel is a.
STIMME, *vom „Hause“.* Geht vom Fenster weg. Vater Hilse!
DER ALTE HILSE. Ich nich! Und wenn ihr alle vollens drehnig wird! *Zu Mutter Hilse mit wachsender Ekstase:* Hie hat mich mei himmlischer Vater hergesetzt. Gell, Mutter? Hie bleiben m'r sitzen und tun, was mer schuldig sein, und wenn d'r ganze Schnee verbrennt. *Er fängt an zu weben. Eine Salve kracht. Zu Tode getroffen, richtet sich der alte Hilse hoch auf und plumpt vornüber auf den Webstuhl. Zugleich erschallt verstärktes Hurra-Rufen. Mit Hurra stürmen die Leute, die bisher im Hausflur gestanden, ebenfalls hinaus. Die alte Frau sagt mehrmals fragend:* Vater, Vater, was is denn mit dir? *Das ununterbrochene Hurra-Rufen entfernt sich mehr und mehr. Plötzlich und hastig kommt Mielchen ins Zimmer gerannt.*
MIELCHEN. Großvaterle, Großvaterle, se treiben de Soldaten zum Dorfe naus, se haben Dittrichens Haus (der Tuchfabrikant) gestirmt, se machen's aso wie drieben bei Dreißichern (ein Fabrikant im Nachbarort). Großvaterle!? *Das Kind erschrickt, wird aufmerksam, steckt den Finger in den Mund und tritt vorsichtig dem Toten näher.* Großvaterle!?
MUTTER HILSE. Nu mach ock, Mann, und sprich a Wort, 's kann een'n ja orntlich angst werd'n.

Gerhart Hauptmann (1862–1946), Die Weber, S. 70 f.

Mit welchen Mitteln fördert Hauptmann die Illusion von Wirklichkeit auf der Bühne?

3.

Passt eine dieser beiden Schlussszenen zu einem Drama mit geschlossener Handlung? Begründe deine Meinung.

4.

Eines dieser beiden Dramen besitzt noch einen so genannten Epilog, also ein Nachwort.

Epilog

Vor den Vorhang tritt ein Spieler und wendet sich entschuldigend an das Publikum mit einem Epilog.

Verehrtes Publikum, jetzt kein Verdruß:
Wir wissen wohl, das ist kein rechter Schluß.
Vorschwebte uns: die goldene Legende.
Unter der Hand nahm sie ein bitteres Ende.
Wir stehen selbst enttäuscht und sehn betroffen
Den Vorhang zu und alle Fragen offen.
(…)
Wir sind zerschmettert und nicht nur zum Scheine!
Der einzige Ausweg wär aus diesem Ungemach:
Sie selber dächten auf der Stelle nach
Auf welche Weis dem guten Menschen man
Zu einem guten Ende helfen kann.
Verehrtes Publikum, los, such dir selbst den Schluß!
Es muß ein guter da sein, muß, muß, muß!

Gib den Inhalt dieses Epilogs mit deinen Worten wieder.

5.

Zu welchem der beiden Dramen passt dieser Epilog? Begründe deine Meinung mit Verweisen auf die oben zitierte Schlussszenen.

6.

In Schillers Drama „Wilhelm Tell“ entschließt sich Tell, den tyrannischen Landvogt Geßler zu erschießen. Der Landvogt unterdrückt nicht nur sein Land, sondern hat Tell auch gezwungen, seinen eigenen Sohn durch den berühmten Apfelschuss in Lebensgefahr zu bringen. Er verfolgt nun Tell und seine gesamte Familie. Tell wartet in einem Versteck auf den herannahenden Landvogt.

TELL *(tritt auf mit der Armbrust).*
Durch diese hohle Gasse muss er kommen,
Es führt kein andrer Weg nach Küßnacht – Hier
Vollend ich's – Die Gelegenheit ist günstig.
Dort der Holunderstrauch verbirgt mich ihm,
Von dort herab kann ihn mein Pfeil erlangen,
Des Weges Enge wehret den Verfolgern.
Mach deine Rechung mit dem Himmel Vogt,
Fort musst du, deine Uhr ist abgelaufen.

Ich lebte still und harmlos – Das Geschoss
War auf des Waldes Tiere nur gerichtet,
Meine Gedanken waren rein von Mord –
Du hast aus meinem Frieden mich heraus-
Geschreckt, in gärend Drachengift hast du
Die Milch der frommen Denkart mir verwandelt,
Zum Ungeheuren hast du mich gewöhnt –
Wer sich des Kindes Haupt zum Ziele setzte,
Der kann auch treffen in das Herz des Feinds.

Die armen Kindlein, die unschuldigen,
Das treue Weib muss ich vor deiner Wut
Beschützen, Landvogt – Da, als ich den Bogenstrang
Anzog – als mir die Hand erzitterte –
Als du mit grausam teufelischer Lust
Mich zwangst, aufs Haupt des Kindes anzulegen –
Als ich ohnmächtig flehend rang vor dir,
Damals gelobt ich mir in meinem Innern
Mit furchtbarm Eidschwur, den nur Gott gehört,
Dass meines nächsten Schusses erstes Ziel
Dein Herz sein sollte (...).

Friedrich Schiller (1759–1805), Wilhelm Tell, Vers 2561 ff.

Ist die Hauptfigur Tell ein Held? Begründe deine Meinung mit einzelnen Formulierungen.

7.

In Dürrenmatts Drama „Der Besuch der alten Dame“ (1955) verspricht eine reich gewordene Frau ihrem Heimatort Güllen eine Milliarde, wenn die Bürger des Ortes ihre Jugendliebe, den Kaufmann ILL, umbringen. Mit diesem Mord möchte sie sich dafür rächen, dass ILL sie als junge schwangere Frau sitzen gelassen und seine Vaterschaft sogar bestritten hat.
Als er bemerkt, wie sich der ganze Ort schon auf den künftigen Geldsegen einstellt, versucht der bedrohte ILL, die Verhaftung seiner Jugendliebe und Todfeindin zu erreichen.

DER POLIZIST Sie zittern.
ILL Ich verlange die Verhaftung der Claire Zachanassian.
DER POLIZIST *stopft sich eine Pfeife, zündet sie gemächlich an* Merkwürdig. Äußerst merkwürdig.
(…)
ILL Ich verlange es als der zukünftige Bürgermeister.
DER POLIZIST *Rauchwolken paffend* Die Wahl ist noch nicht vorgenommen.
ILL Verhaften Sie die Dame auf der Stelle.
DER POLIZIST Das heißt, Sie wollen die Dame anzeigen. Ob sie dann verhaftet wird, entscheidet die Polizei. Hat sie was verbrochen?
ILL Sie fordert die Einwohner unserer Stadt auf, mich zu töten.
DER POLIZIST Und nun soll ich die Dame einfach verhaften.
Er schenkt sich Bier ein.
(…)
ILL Ihre Pflicht.
DER POLIZIST Merkwürdig. Äußerst merkwürdig. *Er trinkt Bier.*
ILL Die natürlichste Sache der Welt.
DER POLIZIST Lieber Ill, so natürlich ist die Sache nicht. (…)
ILL Anstiftung zum Mord.
DER POLIZIST Passen Sie mal auf, Ill. Eine Anstiftung zum Mord liegt nur dann vor, wenn der Vorschlag, Sie zu ermorden, ernst gemeint ist. Das ist doch klar.
ILL Meine ich auch.
DER POLIZIST Eben. Nun kann der Vorschlag nicht ernst gemeint sein, weil der Preis von einer Milliarde übertrieben ist (…).
ILL Der Vorschlag b e d r o h t mich, Polizeiwachtmeister, ob die Dame nun verrückt ist oder nicht. Das ist doch logisch.
DER POLIZIST Unlogisch. (…)

ILL Ich bin nicht ganz so sicher, Polizeiwachtmeister. (...)
Meine Kunden kaufen bessere Milch, besseres Brot, bessere Zigaretten.
DER POLIZIST Freuen Sie sich doch! Ihr Geschäft geht ja dann besser.
Er trinkt Bier.

S. 61 f.

ILL wird schließlich, wie zu erwarten war, von den Bürgern des Ortes Güllen umgebracht.

DER PFARRER Nun, Ill, Ihre schwere Stunde ist gekommen.
ILL Eine Zigarette.
DER PFARRER Eine Zigarette, Herr Bürgermeister.
(...)
DER PFARRER Wie schon der Prophet Amos gesagt hat –
ILL Bitte nicht. *Raucht.*
DER PFARRER Sie fürchten sich nicht?
ILL Nicht mehr sehr. *Raucht.*
DER PFARRER *hilflos* Ich werde für Sie beten.
ILL Beten Sie für Güllen.

S. 128 f.

Friedrich Dürrenmatt (1921–1990), Der Besuch der alten Dame

Was ist an der Figur des ILL heldenhaft und was passt nicht zu einem Helden?

Test

Spätestens in einer Klausur ist nicht mehr nur die Behandlung einzelner Aspekte eines Dramas, sondern die gegliederte Analyse und Interpretation einer Szene oder eines Szenenausschnitts unter Einbeziehung aller wesentlichen Gesichtspunkte gefordert. Dabei kann man schnell ins Schwitzen geraten, weil man vielleicht keinen rechten Anfang findet, weil einem die Zeit davonläuft, oder weil man vor lauter Bäumen den Wald nicht mehr sieht, man also viele Einzelerkenntnisse in keinen gegliederten Zusammenhang bringen kann.
Auch wenn du inzwischen einiges über den Inhalt, den Aufbau und die Wirkung von Dramen kennst, stellt das Verfassen einer Gesamtanalyse und -interpretation der Aussage eine besondere Herausforderung dar. Du solltest dies also gezielt trainieren und dich damit auf eine Klausur zu jedem beliebigen Drama vorbereiten.

1. Du beginnst die Analyse und Interpretation einer dramatischen Szene mit der stichwortartigen Zusammenfassung des Handlungsverlaufs der Szene.
   Dabei sind besonders
   a) der Zusammenhang mit der gesamten dramatischen Handlung,
   b) die zentralen Figuren,
   c) deren Beziehungen zueinander, evtl. Veränderungen dieser Beziehungen und
   d) ein evtl. zentraler Konflikt festzuhalten.

2. Die Ausformulierung beginnst du mit einer Einleitung, in der der Szeneninhalt im Zusammenhang mit dem Inhalt des Gesamtdramas zusammengefasst wird.

3. Im Hauptteil deiner Ausführungen stellst du
   a) die zentralen Figuren und ihre Beziehungen zueinander dar. Dabei sind sowohl die Sprechhandlungen als auch die nonverbalen Handlungen sowie das Aussehen der Figuren zu beachten (Bühnenanweisungen).
   b) Die Analyse eines evtl. zentralen Konflikts und dessen evtl. Lösung ist der nächste Schritt.

c) Nun folgen Überlegungen zur Bedeutung der Szene für den **weiteren Handlungsverlauf** bzw. zum Schlusscharakter der Szene (offen oder geschlossen?).
d) Es folgt die Analyse der **dramatischen Form** der Szene (z. B. parabolisch?, Verfremdungseffekte? etc.).
e) Auf den Abschnitten a–d baut nun die Interpretation der **Gesamtaussage** (evtl. der Moral) **bzw. der Wirkung** (auf die Zuschauer) der untersuchten Szene/des Szenenausschnitts auf.

4. Der **Schluss** deiner Ausführungen enthält:
   a) die zusammengefasste Analyse der Bedeutung der Szene/des Szenenausschnitts für den **Handlungsverlauf des Gesamtdramas**,
   b) die **Zusammenfassung** der Ergebnisse deiner **Interpretation von Gesamtaussage- bzw. Wirkung** und
   c) deine **Bewertung** der Wirkung der untersuchten Szene/des Szenenausschnitts.

In Max Frischs Drama „Andorra" behauptet ein Lehrer, dass Andri, der in seiner Familie lebt, ein von ihm geretteter Jude sei. Damit vertuscht er aber nur, dass Andri in Wahrheit sein unehelicher Sohn ist. Der Andorraner Andri wird damit von allen als Jude betrachtet und hat mit vielen Vorurteilen, Diskriminierungen und Unterstellungen zu kämpfen. Er muss als Sündenbock herhalten und wird nach der Besetzung Andorras durch die „Schwarzen" als Sündenbock und angeblicher Mörder geopfert und gelyncht.
Andri nimmt allerdings diese Rolle des Juden und damit des Sündenbocks allmählich an, er akzeptiert sein vermeintliches Anderssein, er macht dies trotzig zu seiner Identität.

Die folgenden Aufgaben zeigen dir am Beispiel der Schlussszene von „Andorra", dem Zwölften Bild des Dramas, wie die einzelnen Schritte einer szenischen Gesamtinterpretation aussehen können.

Lies für die Bearbeitung der Aufgaben das Drama noch einmal. Schau dir dann die folgenden Zusammenfassungen der zwölf Bilder (Szenen) des Dramas an. Sie geben dir einen Überblick über den Handlungsverlauf.

Erstes Bild

1. Die Andorraner befürchten einen Überfall der judenfeindlichen „Schwarzen".
2. Der alkoholabhängige Lehrer, angeblicher Stiefvater, aber in Wahrheit leiblicher Vater des angeblichen Juden Andri, versucht für seinen Sohn gegen Zahlung einer hohen Geldsumme, eine Lehrstelle in einer Tischlerei zu bekommen.
3. Er erschrickt vor einem neu errichteten Pfahl, an dem bekannterweise „die Schwarzen" Juden anbinden und durch einen Genickschuss töten.
4. Andri wird vom Soldaten als Jude beschimpft. Der Soldat kündigt an, Barblin, Andris Stiefschwester und Braut, in Wahrheit aber seine Halbschwester, zu vergewaltigen. Andri warnt ihn eindringlich davor, sich seiner Braut zu nähern.

Zweites Bild

5. Obwohl Barblin Andri küsst und ihm ihre Liebe beteuert, kann sie ihn nicht von der Grübelei über sein Anderssein abbringen.
6. Andri behauptet, dass das Böse, das eigentlich in allen Menschen steckt, schließlich in einem Menschen (also in ihm) sich festsetzen muss. Damit werde es erst für die anderen Menschen möglich, das Böse zu fassen und zu töten.

Drittes Bild

7. Andris Lehrmeister in der Tischlerei will seine Lehrlingsprobe prüfen. Trotz Andris mehrfachen nachdrücklichen Hinweisen prüft der Meister den schlechten Stuhl des anderen Gesellen und reißt demonstrativ alle Stuhlbeine heraus. Andris Beteuerungen werden ignoriert und sein guter Stuhl dem anderen Gesellen zugeschrieben. Der Lehrmeister führt Andris angebliche Nichteignung auf sein Judentum zurück. Andri wird gezwungen, seine Lehre abzubrechen und weiterhin als Stuhlverkäufer zu arbeiten. Denn Juden könnten doch am besten mit Geld umgehen.

Viertes Bild

8. Andri wird vom Doktor, der sich negativ über Juden auslässt, untersucht und verlässt plötzlich wortlos den Raum. Der Doktor wird daraufhin vom Lehrer aus dem Haus geworfen.
9. Andri bittet den Lehrer um die Hand von Barblin. Beide wissen bis jetzt nicht, dass sie Halbgeschwister sind. Ohne weitere Begründung verweigert der Lehrer seine Zustimmung.

Fünftes Bild

10. Der Lehrer betrinkt sich in einer Wirtschaft und gesteht im Selbstgespräch, dass Andri sein Sohn ist. Er wirft sich vor, die Wahrheit nicht öffentlich einzugestehen.

Sechstes Bild

11. Andri schläft vor der Schwelle von Barblins Schlafzimmer. Als er aufwacht, kommt der Lehrer, um ihm zu gestehen, dass er sein Vater ist. Andri will aber davon nichts wissen und weist den Lehrer zurück.
12. Der Soldat tritt aus Barblins Schlafzimmer und jagt Andri weg.

Siebtes Bild

13. Der verzweifelte Andri möchte vom Pater wissen, ob er wirklich ein Jude und ganz anders ist als die Andorraner. Der Pater rät ihm, zu seinem Anderssein zu stehen. Andri geht verzweifelt weg.

Achtes Bild

14. Die Einreise einer Senora aus dem Land der „Schwarzen" löst unter den Andorranern eine Diskussion aus, ob die Frau eine Agentin und Andorra akut bedroht sei.
15. Andri legt sich in Gegenwart der Senora mit dem Soldaten an, der mit seiner Barblin geschlafen hat. Er wird daraufhin von ihm und anderen Soldaten verprügelt. Andere Andorraner schauen zu und geben dann dem verletzten Andri die Schuld.
16. Die Senora kümmert sich um ihn und lässt sich von ihm zu seinem Vater führen.

Neuntes Bild

17. Die Senora verlässt Andorra wieder, weil sie nicht öffentlich sagen soll, dass sie die Mutter Andris ist. Dieser begleitet sie das erste Stück, und sie schenkt ihm ihren Ring.
18. Im Auftrag des Lehrers versucht der Pater Andri zu erklären, dass die Senora seine Mutter und er kein Jude, sondern ein Andorraner ist. Andri besteht darauf, dass er ein Jude ist und weder Vater noch Mutter noch eine Braut hat.
19. Die Senora wird mit einem Stein erschlagen. Die Andorraner behaupten, Andri habe es getan, obwohl dieser zum Zeitpunkt des Mordes mit dem Pater sprach.

Zehntes Bild

20. Andorra wird von den „Schwarzen“ besetzt.
21. Der Lehrer versucht noch einmal, Andri davon zu überzeugen, dass er sein Vater ist und ihm helfen will. Andri lehnt ab.

Elftes Bild

22. Barblin drängt Andri, sich zu verstecken, weil er unter Mordverdacht gesucht wird.
23. Die Soldaten kommen und führen Andri gefesselt zur „Judenschau“ ab.

Zwölftes Bild

24. Die Andorraner warten zusammengedrängt und von den Besatzungssoldaten verängstigt auf den „Judenschauer“.
25. Der wirkliche Mörder der Senora macht Stimmung gegen Andri.
26. Barblins Aufforderung, passiven Widerstand zu leisten und nicht vor den Judenschauer zu marschieren, wird ignoriert, die „Judenschau“ wird bis auf wenige Protestansätze akzeptiert, Barblin wird gewaltsam abgeführt.
27. Nachdem der „Judenschauer“ Andri gemustert hat, beendet er die Prozedur, ohne auf den Protest von Andris Vater zu hören.
28. Als Andri sich weigert, den Ring seiner Mutter auszuziehen, wird er abgeführt. Sein Schrei zeigt, dass die Soldaten ihm den Finger abgehackt haben.
29. Widerstandslos zerstreuen sich die Andorraner.
30. Barblin erfährt, dass ihr und Andris Vater sich erhängt hat.
31. Die geschorene Barblin macht als einzige immer weiter auf Andris Ermordung aufmerksam und streicht – offenbar wahnsinnig geworden – demonstrativ alles mit weißer Farbe an.

Test 1

Durch welche vorangegangenen Handlungsschritte werden die Handlungsschritte des Zwölften Bildes vorbereitet oder erklärt?

Test 2

Welche zentralen Figuren treten in dieser Szene auf und in welcher Beziehung stehen sie zueinander (in Stichworten)?

Test 3

Worin besteht der zentrale Konflikt in dieser Szene?

Test 4

Schreibe nun eine Gesamtinterpretation des Zwölften Bildes und gliedere sie folgendermaßen:

a) Einleitung (Zusammenfassung des Szeneninhalts, Bedeutung der Szene im Gesamtdrama, Bezug zu vorangegangenen Szenen)

b) Erster Abschnitt des Hauptteils (zentrale Figuren, ihre Beziehungen zueinander und der zentrale Konflikt – Notizen zu Test 3 und 4)

c) Zweiter Abschnitt (offener oder geschlossener Schluss?)

d) Dritter Abschnitt des Hauptteils (Form, Wirkung und Aussage der Szene).

   Besondere Berücksichtigung der folgenden Szeneninhalte:
   - Prozedur/Ritual der „Judenschau" und die Verurteilung Andris
   - Verhalten von Barblin, Lehrer, Mutter während dieser Prozedur
   - Verhalten von Andorranern und andorranischen Soldaten
   - Verhalten von Andri
   - Verarbeitung des Erlebten durch Andorraner, Pater und Barblin

   Beachte folgende Interpretationsaspekte:
   - parabolisch/realistisch
   - Verfremdungseffekte
   - Helden
   - Lehre/Moral

e) Gegliederter Schluss (Zusammenfassung der Interpretation, Bedeutung der Szene für die Gesamtaussage des Dramas)

Lösungen

1 Erzählungen interpretieren

Erste Schritte der Textanalyse

1.

a) I. Abschnitt: Er umfasst den 1. Absatz der Erzählung.
   II. Abschnitt: Er umfasst den Rest der Erzählung.

b) I. Abschnitt: 3. und 6.
   II. Abschnitt: 1., 2., 3., 4. und 5.

2.

a) Statische Erzählung und handlungsarme Erzählung

b) Die Beziehung der Eltern zu ihrer Tochter
   Die Beziehung zwischen den Eltern einer erwachsenen Tochter

3.

a) Mit einer bruchstückhaften, zusammenhanglosen Unterhaltung. Es geht in dem Gespräch zwar um die Tochter, doch wechseln sie dabei ständig das Thema und äußern nur die Gedanken, die ihnen gerade durch den Kopf gehen. Sie gehen beim Reden nicht aufeinander ein, es findet also keine Kommunikation statt. Alle Äußerungen beziehen sich auf die Tochter.

b) An keiner Stelle wird deutlich, dass die Eltern das Warten als nachteilig empfinden. Das Warten ist unwichtig, alles ist auf das Ziel gerichtet, nämlich das Erscheinen der Tochter.

c) Es erscheint, als nähmen sie es gar nicht wahr, dass die Entwicklung ihres Kindes zur Erwachsenen auch Auswirkungen auf ihr eigenes Leben hat. Beide sind fixiert auf die Tochter, und dies lässt ihre Beziehung zueinander in den Hintergrund treten.

4.

- „Sie arbeitete in der Stadt (...)."
- „Über Mittag blieb Monika in der Stadt, sie aß eine Kleinigkeit, wie sie sagte, in einem Tearoom."

5.

a) Platten – Plattenspieler – Zigaretten – Modejournal – Parfum – marokkanischer Hocker – schwedische Vase

b) „Dann versuchten sie wenigstens, sich genau vorzustellen, wie sie beiläufig in der Bahn ein rotes Etui mit dem Abonnement aufschlägt und vorweist, wie sie den Bahnsteig entlanggeht, wie sie sich auf dem Weg ins Büro angeregt mit Freundinnen unterhält, wie sie den Gruß eines Herrn lächelnd erwidert.
Und dann stellten sie sich mehrmals vor in dieser Stunde, wie sie heimkommt, die Tasche und ein Modejournal unter dem Arm, ihr Parfum; stellten sich vor, wie sie sich an ihren Platz setzt, wie sie dann zusammen essen würden."

c) – „Sie war größer gewachsen als sie, sie war auch blonder und hatte die Haut, die feine Haut der Tante Maria."
– „Andere Mädchen rauchen auch (...)."
– „Sie wird auch heiraten, dachte er, sie wird in der Stadt wohnen."
– „Stenographieren kann sie auch, dachte er jetzt."

d) Die Eltern beziehen sich in ihren Vorstellungen und Gedanken nur auf das Äußere, auf das, was ihre Tochter mit anderen gemeinsam hat. Über ihr Wesen und ihre persönliche Beziehung zur Tochter äußern sie sich nicht.

6.

Die Eltern bewundern ihre Tochter, sind sehr stolz auf sie („Stenographieren kann sie auch"), machen sich auch Sorgen („Andere Mädchen rauchen auch"). Zwischen Eltern und Tochter scheint jedoch wenig oder kaum Kommunikation stattzufinden („Oft fragten sie sie (...). Sie wußte aber nichts zu sagen."). Was das Leben ihrer Tochter außerhalb angeht, sind die Eltern auf ihre eigenen Vorstellungen angewiesen („Dann versuchten sie aber wenigstens, sich genau vorzustellen, wie sie (...).").

7.

Einfache, reihende Sätze, fast nur Hauptsätze und kaum Nebensätze. Auffallend sind die Wortwiederholungen. Das Wort „warten" kommt viermal im Text vor. Der Leser wird auf eine Haltung des Wartens eingestimmt. Im weiteren Verlauf der Erzählung wartet der Leser auf den Moment, in dem das Warten aufhört (auflösendes Moment).
Die einfache, etwas hölzerne Sprache entspricht der starren, unbewegten Situation, die dargestellt wird.

8.

Der letzte Satz beendet nicht endgültig den Zustand des Wartens, sondern der ankommende Zug ist nur ein Indiz für das baldige Erscheinen der Tochter.

9.

In der Erzählung „Die Tochter“ von Peter Bichsel geht es um die Beziehung der Eltern zu ihrer Tochter, aber auch um die veränderte Beziehung zwischen Vater und Mutter und ihrer erwachsenen Tochter.
Die Eltern sitzen in ihrer Wohnung und warten wie immer auf ihre einzige Tochter, die in der Stadt arbeitet. Sie setzen sich zur gewohnten Abendbrotzeit an den Tisch, obwohl ihre Tochter nun eine Stunde später zurückkommt. Während des Wartens führen die Eltern ein zusammenhangloses Gespräch, in dem es ausschließlich um die Tochter geht. Ihre Gedanken sind ungeordnet, sie gehen beim Reden nicht aufeinander ein, wechseln ständig das Thema, es findet also keine Kommunikation statt. Das Warten wird für sie unwichtig, alles ist nur auf ein Ziel gerichtet, das Erscheinen der Tochter. Es sieht so aus, als nähmen sie nicht wahr, dass die Entwicklung ihres Kindes auch Auswirkungen auf ihr eigenes Leben hat. Sie sind fixiert auf die Tochter. Dies lässt ihre Beziehung zueinander in den Hintergrund treten. An keiner Stelle äußern sie ihre persönliche Beziehung zur Tochter, sondern alle Gedanken kreisen um das Äußere: „(...) wie sie heimkommt, die Tasche und ein Modejournal unter dem Arm, ihr Parfum (...).“ Auch achten sie nur darauf, was ihre Tochter mit anderen gemeinsam hat: „Sie (...) hatte die Haut, die feine Haut der Tante Maria.“ Man kann merken, dass die Eltern sehr stolz auf ihre Tochter sind: „Stenographieren kann sie auch (...).“ Es wird auch klar, dass zwischen Eltern und Tochter keine Kommunikation stattfindet: „Oft fragen sie sie ... Sie wußte aber nichts zu sagen.“
Das Wort „warten“ kommt im Text vier Mal vor, der Leser wird also auf eine Haltung des Wartens eingestimmt, die auch mit dem ankommenden Zug im letzten Satz nicht enden wird. Dies ist lediglich ein Indiz für das baldige Erscheinen der Tochter. Die einfache, etwas hölzerne Sprache in der Erzählung entspricht der starren, unbewegten Situation, die dargestellt wird.

Erzählperspektiven

1.

Ich-Perspektive. Der Leser erhält Einblick in das Innenleben, in Gedanken und Gefühle des Erzählers. Die erzählten Erlebnisse, Beobachtungen und Gedanken sind auf seine Person beschränkt und subjektiv gefärbt.

2.

„Es macht ihnen ja Spaß, sich ihre Tüchtigkeit mit Zahlen zu belegen, sie berauschen sich an diesem sinnlosen Nichts aus ein paar Ziffern (...)."
„(...) und sie haben Grund, sich befriedigt ins Bett zu legen (...)."
„Ihr Glück liegt in meiner Hand. (...) Sie sind ja so glücklich!"

3.

a) Aussehen
- „Die haben mir meine Beine geflickt (...)."

Situation
- „Die (...) haben mir einen Posten gegeben, wo ich sitzen kann: Ich zähle die Leute, die über die Brücke gehen."
- „(...) und den ganzen Tag, den ganzen Tag geht mein stummer Mund wie ein Uhrwerk (...)."

Einstellung zur Arbeit
- „Ich bin ein unzuverlässiger Mensch, obwohl ich es verstehe, den Eindruck von Biederkeit zu erwecken."
- „Insgeheim macht es mir Freude, manchmal einen zu unterschlagen und dann wieder, wenn ich Mitleid empfinde, ihnen ein paar zu schenken."
- „Wenn ich wütend bin, (...) gebe ich nur den Durchschnitt an, (...) und wenn mein Herz aufschlägt, wenn ich froh bin, lasse ich meine Großzügigkeit (...) verströmen."
- „Neulich haben sie mich kontrolliert. Der Kumpel (...) hat mich früh genug gewarnt, und ich habe höllisch aufgepaßt."
- „Ich habe gezählt wie verrückt, ein Kilometerzähler kann nicht besser zählen."
- „Mein Herz hat mir geblutet, daß ich zählen mußte, ohne ihr nachsehen zu können, und dem Kumpel drüben (...) bin ich sehr dankbar gewesen. Es ging ja glatt um meine Existenz."

Einstellung zu den Leuten, für die er arbeitet
- „Es macht ihnen ja Spaß, sich ihre Tüchtigkeit mit Zahlen zu belegen, sie berauschen sich an diesem sinnlosen Nichts aus ein paar Ziffern (...)."
- „Sie sind ja so glücklich! Sie reißen mir förmlich das Ergebnis jedesmal aus der Hand (...)."
- „Sie lieben das zweite Futur, das zweite Futur ist ihre Spezialität – (...)."

Beziehung zu dem Mädchen
- „Wenn meine kleine Geliebte über die Brücke kommt – und sie kommt zweimal am Tage –, dann bleibt mein Herz einfach stehen."
- „Diese zwei Minuten gehören mir, mir ganz allein, und ich lasse sie mir nicht nehmen."
- „Es ist klar, daß ich sie liebe. Aber sie weiß nichts davon (...)."
- „(...) und ich könnte spazierengehen oder in die Eisdiele, könnte sie mir lange anschauen oder sie vielleicht ein Stück nach Hause bringen, meine kleine ungezählte Geliebte ...".

b) Der Mann an der Brücke ist körperlich beeinträchtigt und froh, überhaupt eine Arbeit gefunden zu haben. Die Art und Weise, wie er über seine Arbeit spricht, lässt jedoch erkennen, dass er sie nur halbherzig verrichtet. Mit Ironie und leichter Bitterkeit äußert er sich über die Sinnlosigkeit dieser Arbeit. Er ist in seinen Gedanken mit viel Wichtigerem beschäftigt, nämlich mit dem Mädchen, das er täglich zweimal sieht. Das Mädchen verkörpert für ihn eine bessere, schönere Welt. Wenn er an sie denkt, gelingt es ihm, die Gegenwart zu vergessen und einfach glücklich zu sein.

4.

a) Es sind die Statistiker gemeint, für die der „Mann an der Brücke" arbeitet.

b) Der Ich-Erzähler fühlt sich diesen Zahlen-Menschen überlegen, die nur im Futur II leben, gar nicht in der Gegenwart. Er macht sich über ihre Abhängigkeit von Zahlen lustig, das wird deutlich, wenn er nach Belieben die Zahlen manipuliert und je nachdem Enttäuschung oder Freude in ihnen weckt.
Für den Erzähler ist die Beschäftigung mit Zahlen vergänglich und wertlos; das Leben in der Gegenwart, die Beziehung zu Menschen zählen für ihn.

5.

Der Mann, der anscheinend körperlich beeinträchtigt ist, hat eine Arbeit gefunden an der Brücke. Eine Brücke verbindet immer zwei Seiten miteinander. In diesem Fall bildet die Brücke die Verbindung zwischen dem Mann und dem Mädchen, der „kleinen Geliebten".

Test

Die Erzählung „Alter Mann an der Brücke“ von E. Hemingway spielt im spanischen Bürgerkrieg. Schauplatz ist das sonnendurchglühte, staubverwehte Land am Ebro. Die Hauptperson ist ein alter Mann, der seine Heimatstadt, die zwischen den beiden Fronten liegt, wegen des Artilleriefeuers der Faschisten verlassen muss. **Thematik**

Er sitzt am Straßenrand in der Nähe einer Pontonbrücke. Um ihn herum herrscht geschäftiges Treiben: Lastwagen donnern über die Brücke, Männer, Frauen und Kinder stapfen an ihm vorbei, aber niemand kümmert sich um den alten Mann. Nach einer Weile reißt ein Soldat ihn aus seinen Gedanken, indem er ihn in ein Gespräch verwickelt. Er tut dies zunächst fast unbeteiligt, was erkennbar ist an den banalen Fragen wie: „Wo kommen Sie her?“/„Was für Tiere waren das denn?“/„Sie haben keine Familie?“ Da aber jede dieser Fragen tiefer in das Schicksal des alten Mannes führt, entwickelt sich ein intensiveres Gespräch, es baut sich eine Brücke von Mensch zu Mensch auf. Der Einzelne ist plötzlich wichtiger als der Krieg und der Auftrag des Soldaten. Der Soldat empfindet Mitgefühl mit dem alten Mann und will ihm helfen, indem er ihn dazu bewegen will, seinen Platz an der Brücke zu verlassen: „Dies ist kein guter Platz zum Bleiben.“ Aber für den alten Mann kommt die Hilfe zu spät. Für ihn bedeutet die Brücke kein Hinüber in einen neuen Anfang, in eine lebenswerte Zukunft. Sie trennt ihn nur endgültig von dem, was seinem Leben noch Sinn verleiht: „Wissen Sie, ich blieb, um Tiere zu hüten (...).“ Deshalb bleibt er an der Brücke zurück. Er ist an dem Krieg völlig unbeteiligt: „Ich bin nicht politisch.“ Seine Sorge gilt nur seinen zurückgelassenen Tieren. Das Einzige, was ihn tröstet, ist die Tatsache, „dass die Katze für sich selber sorgen kann“, die Tauben wegfliegen können und der Einwand des Soldaten: „Ach, wahrscheinlich werden sie heil durch alles durchkommen.“ Aber sein Leid ist so groß, dass ihn in Wirklichkeit niemand mehr trösten kann. Er kann nicht mehr neu anfangen, sein Schicksal erfüllt sich hier an der Brücke. Die Geschichte endet mit dem Satz: „Man konnte nichts für ihn tun.“

Situation des alten Mannes

Beziehung der Personen

Symbolik

Eine Besonderheit der Erzählung liegt darin, dass der Ich-Erzähler (Ich-Perspektive) das Geschehen kühl, zurückhaltend, nüchtern und genau wiedergibt. Fast wirkt er wie ein Berichterstatter. **Erzählperspektive**

2 Kurzgeschichten interpretieren

Die Analyse von Kurzgeschichten

1.

a) Der Wolkenbruch
b) Der Parana kommt
c) Die Fahrt auf dem Dach
d) Die Rettung

2.

a) Zwei Männer unterschiedlicher Herkunft, ein Farmer und sein Peon, haben durch eine Naturkatastrophe ihr Hab und Gut verloren.
b) Das Herannahen des Paranas bedroht nun auch ihr Leben. Die Situation spitzt sich dramatisch zu. Ohnmächtig sind die Männer den Naturgewalten ausgeliefert und müssen sich auf das Dach des Hauses retten.
c) Das Dach reißt sie mit ins Ungewisse. Die Lage scheint aussichtslos. Angesichts des Todes will der Peon den Farmer vom Dach stoßen, um seine Überlebenschance zu erhöhen. Als der Herr die letzte Zigarette mit ihm teilt, will der Peon sich für den Farmer opfern, der das jedoch verhindern kann.
d) Beide werden gerettet. Sie beschließen, zurückzukehren und neu zu beginnen.

Thema ist das Ausgeliefertsein der Menschen an die Naturgewalten und wie sie sich in diesen Extremsituationen verhalten und bewähren.

3.

Es handelt sich um ein Herr-Knecht-Verhältnis, um das Verhältnis von Farmer (Landbesitzer) und Peon (Landarbeiter).

4.

„Herr!“ rief der Indio, „der Parana! Der Strom kommt …!“

5.

„Denn der Farmer gab sich noch eine Nacht.“

6.

Es ist eine symbolische Geste als Zeichen der Kameradschaft; damit wird der soziale Unterschied aufgehoben.

7.

Er weiß, dass das Dach nicht beide tragen kann. Einer von ihnen hat eventuell die Chance zu überleben. Das will er sein. Da der Farmer vermutlich nicht freiwillig das Dach verlassen wird, erwacht im Peon die Absicht, seinen Herrn in den Fluss zu stoßen.

8.

Egoismus, Selbsterhaltungstrieb

9.

a) Anlass
   Das Teilen der Zigarette, das ein Gefühl der Treue in ihm entwickelt.
b) Gründe
   Er hat Frau und Kind verloren. Das Leben erscheint ihm sinnlos, die Zukunft hoffnungslos.

10.

Er handelt aus einem Gefühl der Verantwortung heraus.

11.

Farmer	Peon
– Er trägt sein Schicksal. – Er verfällt nicht in Resignation. – Er teilt mit seinem Untergebenen nach Männerbrauch die letzte Zigarette und hebt so die sozialen Unterschiede auf. – Sein Handeln ist von Verantwortungsbewusstsein bestimmt.	– Er wägt die Chancen des Überlebens ab. – Angesichts des Todes erwacht sein Selbsterhaltungstrieb, der in ihm Mordgedanken weckt. – Durch das Teilen der Zigarette ist er bereit, sich in das Schicksal zu fügen und sich für seinen Herrn zu opfern. – Überwindung des Egoismus.

12.

a) Innere Geschehnisse
   Abwägen der Überlebenschancen, Erwachen des Überlebenstriebs, Hinnahme des Schicksals, Erkennen der Sinnlosigkeit des Überlebens, Opferwille für den Herrn
b) Äußere Geschehnisse
   Teilen der Zigarette, gemeinsames Tabakkauen, Sprung ins Wasser, Rettung durch den Farmer, Anschreien und Befehle des Farmers

13.

Farmer und Peon stehen in einem Herr-Knecht-Verhältnis zueinander.
Beide geraten in eine Extremsituation. Hilflos sind sie der Naturgewalt des Wassers ausgeliefert. Sie sehen ihr Ende nahen, wobei dem Farmer die Situation klarer wird als dem Indio. Er trägt sein Schicksal, fällt nicht in Resignation und überlegt glasklar, was zu tun ist. Sein Handeln ist von Verantwortungsbewusstsein bestimmt, während beim Peon im Angesicht des Todes der Selbsterhaltungstrieb erwacht, der in ihm Mordgedanken weckt. Als der Farmer mit ihm seine letzte Zigarette teilt und mit dieser Geste der Kameradschaft den sozialen Unterschied zwischen ihnen aufhebt, ist er bereit, sich seinem Schicksal zu fügen und sich für seinen Herrn zu opfern. Damit überwindet er seinen anfänglichen Egoismus. Der Farmer rettet ihn, und damit überleben beide diese Katastrophe und können ein neues Leben beginnen.

14.

a) Es sind sehr viele kurze, klare Hauptsätze, die aneinandergereiht sind.
b) zischte, stieß um, rauschte, schaukelte, krachte, drehte sich um sich selbst, trieb hinaus, fuhr kreisend, trieb vorbei, segelte, schossen davon

15.

Die Kurzgeschichte hat einen unvermittelten Beginn. Ohne Vorgeschichte und Einleitung steigt sie gleich in das Geschehen nach dem Wolkenbruch ein. Ort, Zeit und Raum sind eingegrenzt. Es handelt sich um eine Nacht nach dem Wolkenbruch, in der nur die beiden Männer im Mittelpunkt stehen. Der Höhepunkt ist die Teilung der Zigarette. Das ist die Wende, die über Leben und Tod entscheidet. Der Schluss ist offen, der eigentliche Ausgang der Geschichte wird nicht erzählt. Man weiß nur, dass die beiden neu beginnen wollen. Erzählt werden nur zwei Tage aus dem Leben der beiden Männer. Die Geschichte spielt vor dem Haus des Farmers und auf dem Parana. Der Ausschnitt ist insofern schicksalhaft, als sich die beiden Männer in einer Extremsituation bewähren müssen.

Dialoge und Symbolik

1.

Die Geschichte handelt von der Auflösung der Beziehung zwischen Nick und Marjorie, zweier junger Leute.

2.

Sie werden nicht näher vorgestellt, man erfährt nur aus dem Gespräch etwas über sie: Sie kennen sich schon lange, sie sind Angler, sie sind oft in diesem Revier („Das ist unsere alte Ruine"), sie sind miteinander befreundet, ihre Beziehung geht aber dem Ende entgegen, sie machen nicht viele Worte, haben sich nicht viel zu sagen, Nick wirkt unfreundlich.

3.

a) Sie unterhalten sich in erster Linie über das Angeln, über Fische, über Alltägliches, über ihre Liebe.
b) „Du weißt alles."
c) Nick: „Ich hab dir alles beigebracht."
„Es ist gar nicht mehr schön."
„Nein" (auf die Frage, ob Liebe schön sei).
d) „Weißt du, mir ist, als ob alles in mir zum Teufel gegangen ist."
Bis dahin versucht Marjorie immer noch, die Situation zu retten, indem sie ihn bittet, nicht so zu sein und auf den Mond hinweist.

4.

Außer der gemeinsamen Vorliebe fürs Angeln verbindet sie beide nichts mehr miteinander, sie haben sich nichts mehr zu sagen, sie haben sich auseinandergelebt. Das ist zu wenig für eine dauerhafte Beziehung.

5.

Sie fällt ihm nicht leicht, denn er sagt: „Mir ist gar nicht nach Essen. (...) Bitte geh weg, Bill. Geh, laß mich allein."

6.

Sie versucht eine Weile, die Zuspitzung des Gesprächs zu verhindern, dann aber, als es soweit ist, nimmt sie ohne viel Aufhebens das Boot und rudert weg.

7.

Mit seiner Überschrift will Hemingway das Ende der Beziehung zwischen Nick und Marjorie zum Ausdruck bringen. „Etwas“ steht hier für „Liebe“. Er meint ein Gefühl, das mit Worten nicht zu fassen ist.

8.

Es muss Folgendes enthalten sein:
- Die Liebe ist erloschen.
- Sie hat an Spannung verloren.
- Sie ist Routine geworden.
- Die beiden haben sich nichts mehr zu sagen. (Beweis: Ihre Dialoge über Belanglosigkeiten.)
- Sie kennen sich zu lange.
- Sie haben das Interesse aneinander verloren.
- Ein Auseinandergehen ist unvermeidbar geworden.

9.

So wie das Leben in Hortons Bay erloschen ist, ist auch die Liebe zwischen Nick und Marjorie erloschen.
Die Bauholz-Stadt steht als Symbol für die Liebe zwischen Nick und Marjorie. Ihre Ruinen symbolisieren das Ende dieser Beziehung.
So wie die Mühle verkommen und sinnlos geworden ist, weil Walzen, Räder, Treibriemen usw. verschwunden sind, so ist die Beziehung zwischen Nick und Marjorie sinnlos geworden, weil jegliche Grundlage fehlt, weil das, was einmal war, nicht mehr vorhanden ist.

10.

Mit dieser Einleitung will Hemingway den Leser einstimmen. Die angewandte Symbolik hilft, die Geschichte zu verstehen.

11.

a) Die einzige Handlung umfasst die nächtliche Ruderfahrt und das Fischen.
b) Die Personen sind Nick, Marjorie und Bill.
c) Das Zusammentreffen von Nick, Marjorie und Bill in einer Nacht.
d) und e) gehen ineinander über:
„Ja, grade“ – „Sie fressen“ – „So ungefähr da“ – „Schön“ – „Ich weiß nicht“ – „Ist sie glücklich weg?“ – „’ne Szene gehabt?“

Test

Die Kurzgeschichte „Ein ruhiges Haus“ von Marie Luise Kaschnitz spielt in einem Mietshaus und handelt von der Intoleranz, die unter Nachbarn herrschen kann.

Titel, Verfasser, Erfassen der Thematik

Ein Ehepaar, aus dessen Perspektive heraus die gesamte Geschichte erzählt wird, empfindet den Lärm der Nachbarskinder über und unter sich, das „Geheul und Geschrei, die Streitereien, das Trampeln und Scharren der kleinen zornigen Füße“ als „Hölle“. Sie haben kein Verständnis für kleine Kinder, fühlen sich von ihnen gestört. Sie klopfen mit dem Besenstiel gegen Decke und Fußboden, der Mann telefoniert mit den Eltern, akzeptiert aber deren Entschuldigung nicht, was zur Folge hat, dass das Ehepaar sich beim Hauswirt beschwert, der sofort Partei für es ergreift und die jungen Familien unter Druck setzt, etwas gegen den Lärm der Kinder zu unternehmen, ihnen andernfalls mit fristloser Kündigung droht. Das aber können sich die jungen Eltern keinesfalls leisten, denn sie haben kein Geld umzuziehen. Sie fragen erst gar nicht danach, ob der Hauswirt im Recht ist, sondern greifen zu unmenschlichen Mitteln, die Kinder ruhig zu stellen. Welche das im Einzelnen sind, erfährt der Leser nicht, vielmehr muss er sich mit den Vermutungen des alten Ehepaares begnügen, da die Geschichte ja aus dessen Perspektive erzählt wird.

Perspektive

Beziehung der Personen untereinander

Konfliktsituation

Das alte Ehepaar ist jetzt zufrieden. Für die beiden zählt nur, dass Ruhe im Haus herrscht. Sie erkundigen sich nun sogar nach dem Befinden der Kinder. Dabei haben sie daran sicherlich nicht wirklich ein Interesse. Im Grunde denken sie ohne jedes Verständnis für andere nur an sich und verlangen, dass sich die Nachbarn ihren Bedürfnissen unterordnen. Dabei nutzen sie sogar noch deren schwächere Position aus.

Die Eltern, die fürchten müssen, ihre Wohnungen zu verlieren, bringen ihre Kinder schließlich zum Schweigen. Sie wenden allerdings Mittel an, die sie verzweifeln lassen und über die sie weinen.

So wird die Überschrift der Erzählung ironisch verkehrt: Es handelt sich um ein „ruhiges Haus“, in dem doch kein Frieden herrscht.

Merkmale der Kurzgeschichte

An dieser Kurzgeschichte lassen sich einige typische Merkmale der Gattung nachweisen: Die Geschichte setzt unvermittelt ein. In ihr wird eine Episode aus dem Alltagsleben in umgangssprachlichen Redewendungen erzählt. Sie umfasst keinen größeren Handlungsrahmen, sondern es wird eine schicksalhafte Episode aus dem Alltagsleben junger Familien berichtet. Die Handlung ist örtlich, zeitlich und räumlich auf das Mietshaus begrenzt. Der Höhepunkt ist gleichzeitig Wendepunkt und Schluss, als die Eltern wider besseres Wissen ihre Kinder ruhig stellen.

3 Parabeln interpretieren

Die Analyse des Textaufbaus

1.

Herr Keuner spricht sich in einem Saal gegen die Gewalt aus. Die Leute weichen zurück und gehen weg. Als er sich umblickt, sieht er die Gewalt hinter sich stehen. Diese fragt ihn: „Was sagst du?“ Herr Keuner antwortet: „Ich sprach mich für die Gewalt aus.“

Danach fragen ihn seine Schüler nach seinem Rückgrat, und seine Antwort lautet: „Ich habe kein Rückgrat zum Zerschlagen. Gerade ich muß länger leben als die Gewalt.“

2.

Klugheit, Weisheit, Überlegenheit, Intelligenz, Voraussicht und Gelassenheit.

3.

a) Äußerungen des Herrn Keuner:
  - Herr Keuner spricht sich gegen die Gewalt aus.
  - Herr Keuner tut so, als hätte er sich für die Gewalt ausgesprochen.
  - Herr Keuner antwortet: „Ich habe kein Rückgrat zum Zerschlagen. Gerade ich muß länger leben als die Gewalt.“

b) Situationen:
  - Herr Keuner redet in einem Saal, und die Gewalt steht hinter ihm, ohne dass er davon weiß.
  - Herr Keuner und die Gewalt stehen sich gegenüber, und er wird von ihr hinsichtlich seiner Äußerung im Saal noch einmal befragt.
  - Herr Keuner redet in Abwesenheit der Gewalt zu seinen Schülern, die ihn nach seinem Rückgrat fragen.

4.

Sie finden ihn unaufrichtig, weil er in ihren Augen feige ist und gelogen hat.
„(…) fragten ihn seine Schüler nach seinem Rückgrat."

5.

Zu Herrn Egge kommt eines Tages in der Zeit der Illegalität ein Agent. Der Agent macht es sich bequem und fragt vor dem Einschlafen: „Wirst du mir dienen?"
Herr Egge deckt ihn zu, vertreibt die Fliegen, bewacht seinen Schlaf, und so gehorcht er ihm sieben Jahre lang. Er spricht jedoch kein Wort mit ihm. Nach sieben Jahren stirbt der Agent, der vom vielen Essen, Schlafen und Befehlen dick geworden ist. Herr Egge schafft ihn aus dem Haus, wäscht das Lager, streicht die Wände, atmet auf und antwortet auf die sieben Jahre zuvor gestellte Frage: „Nein."

6.

„In der Wohnung des Herrn Egge, der gelernt hatte, nein zu sagen (…)."
Herr Egge hatte das Nein-Sagen also gelernt und betreibt dies nicht blindlings, sondern mit Überlegung.

7.

Er diente ihm wortlos sieben Jahre lang, und erst nach seinem Tod beantwortete er die Frage des Agenten, ob er ihm diene, mit „Nein".

8.

Herr Egge steht der Übermacht des Gegners, dem Agenten, gegenüber. – Herr Keuner steht der Übermacht seines Gegners, der Gewalt, gegenüber.
Keuner besänftigt seinen Gegner und wendet eine List an, in der Absicht, nicht von der Gewalt vereinnahmt zu werden und seine Stärke zu bewahren.
Egge dient dem Agenten, jedoch wortlos und mit der Absicht, ihn zu überleben. Er hat gelernt, „nein" zu sagen, wählt jedoch den richtigen Zeitpunkt, nämlich erst nach dem Tod seines Gegners. Egge hat das Ziel erreicht, er dient der Gewalt in der Person des Agenten zwar vorübergehend, doch letztlich unterliegt sie ihm.

9.

Brechts Parabel „Maßnahmen gegen die Gewalt“ lehrt, dass in der Auseinandersetzung mit der Gewalt nur mit List zu überleben ist. Handeln ist dann erfolgreich, wenn man klug genug ist, auf den richtigen Zeitpunkt zu warten. Die Wahrheit um jeden Preis und zu jeder Zeit zu sagen, zeugt nicht unbedingt von Klugheit.

Veranschaulichung der Aussageabsicht

1.

- Der Herr befiehlt seinem Diener, das Pferd aus dem Stall zu holen – der Diener versteht ihn nicht.
- Der Herr hört Trompeten in der Ferne – der Diener hört nichts.
- Auf die Frage des Dieners, wohin der Herr reite, antwortet der Herr, er wisse es nicht.
- Doch auf die Frage, ob er sein Ziel kenne, antwortet er mit „Ja“.
- Sein Ziel beschreibt der Herr mit „Weg-von-hier (...).“
- Er sagt, dass er keinen Essvorrat brauche, weil die Reise so lang sei. Wenn er auf dem Weg nichts finde, müsse er sowieso verhungern.

2.

Bei der hier beschriebenen Reise tritt jemand eine lange Reise an, deren Ziel selbst dem Reisenden unbekannt ist. Über den Zeitpunkt der Rückkehr, die Dauer und den Grund der Reise erfährt der Leser nichts. In der Realität kann man in den meisten Fällen davon ausgehen, dass all diese Dinge dem Reisenden vor Reiseantritt bekannt sind. Manchmal ist das Ziel vielleicht bei Reiseantritt noch ungewiss, manchmal vielleicht auch der Zeitpunkt der Rückkehr. Doch ganz ohne Vorstellungen findet in der Realität wohl kaum eine Reise statt.

3.

- Erster Teil: „Ich befahl, mein Pferd“ bis „hielt er mich auf“.
  (Beschreibung der Situation)
- Zweiter Teil: „Wohin reitest du“ bis „wahrhaft ungeheuere Reise“.
  (Gespräch zwischen Herr und Diener)

4.

<u>Der Herr</u>

- Der Herr befiehlt
- Der Herr geht selbst zum Stall, sattelt sein Pferd und besteigt es.
- Der Herr hört in der Ferne Trompeten.

<u>Der Diener</u>

- Der Diener versteht nichts.
- Der Diener hält den Herrn beim Tor auf.
- Der Diener hört nichts, weiß nichts.

5.

Das Leben in der gewohnten Umgebung stellt einen nicht mehr zufrieden, man weiß, dass man etwas anderes möchte, ist aber noch nicht sicher, wie die Veränderung aussehen soll.
Herr: „Ich weiß es nicht (...), nur weg von hier, nur weg von hier.“
Sobald man etwas anderes als das Gewohnte tut, muss man mit Fragen wie „Was machst du?“ „Wo gehst du hin?“ rechnen.
Diener: „Wohin reitest du, Herr?“

6.

Vor allem als Jugendlicher fühlt man sich in Aufbruchstimmung, weil einem die Situation, in der man lebt, oft nicht gefällt. Man fühlt sich unverstanden und entschließt sich, diese Situation zu beenden. Dabei wünschte man sich vielleicht die Unterstützung der Erwachsenen, doch kann man damit nicht rechnen. Den Entschluss, seinen Lebensweg zu gehen, muss jeder Mensch selber fassen, und er trägt auch die alleinige Verantwortung für das, was er tut. Hinter dem Aufbruch steht nur eine Ahnung und eine sehr ungenaue Vorstellung vom Leben, Ziel und Weg sind dabei nicht konkret. Nur eins ist klar „Weg von hier“ – ein eigenes Leben mit eigenen Zielvorstellungen. Dass dieser Weg lang und oft beschwerlich ist, sollte einem dabei auch deutlich vor Augen stehen. Wenn man die „Lebensreise“ antritt, ist es eine Herausforderung, auf dem Weg zum Ziel nicht zu „verhungern“, d.h. man muss – das Ziel zwar vor Augen – auch dafür sorgen, dass man Hürden und Hindernisse bewältigt und nicht auf der Strecke bleibt.

Test

Herr Keuner soll Auskunft geben über die Arbeitsweise zweier Theaterleute. Dazu benutzt er das Bild zweier Autofahrer.
Ein Fahrer zeichnet sich dadurch aus, dass er die Verkehrsregeln gut kennt und sie für sich zu nutzen weiß. Mit seiner Fahrweise findet er seinen Weg zwischen den anderen Fahrzeugen. Der zweite Fahrer geht anders vor. Ihn interessiert der gesamte Verkehr, in dem er sich nur als ein Teil fühlt. Er hat immer alle Verkehrsteilnehmer im Blick, tut sich nicht persönlich hervor und nimmt seine Rechte nicht wahr.
Das unterschiedliche Verhalten der beiden Autofahrer kann auf ein Theaterstück übertragen werden, das auf dem Zusammenwirken der einzelnen Akteure beruht. Ist dieses Zusammenspiel nicht gewährleistet, so ist das Gelingen des Stückes von vorneherein erschwert. Man muss sich einmal folgende Situation vorstellen: Ein Schauspieler kennt alle Tricks des Theaterspiels, alle „Verkehrsregeln“. Er weiß, wann er was wie spricht, wann er sich wie irgendwohin bewegt. Er konzentriert sich in jeder Aufführung voll auf seinen Auftritt und bringt diesen auch glänzend hinter sich. Seine Mitspieler interessieren ihn nicht. Ein anderer Schauspieler hat hingegen ein gewisses Maß an Einfühlungsvermögen und weiß, dass das Gelingen des Stückes weniger von ihm persönlich als vielmehr vom Zusammenspiel mit den anderen Darstellern abhängt. Er konzentriert sich nicht nur auf seine Rolle, sondern auf das gesamte Stück. Für ihn gehören Komparsen zu jedem Stück dazu, so wie es in den Worten über das Vorwärtskommen der Fußgänger deutlich wird. Auch er weiß genau über seinen Auftritt Bescheid, ist jedoch flexibel genug, sich auf seine Mitspieler einzustellen. Hier zeigt sich, dass ein gewisses Maß an Anpassung nötig ist, um selbst Erfolg zu haben.

Diese Situation kann auch auf die Schule übertragen werden. Dort ist es eigentlich nicht anders. Auch im Klassenverband gibt es Leute, die sich nur auf ihr eigenes Vorwärtskommen konzentrieren, die nicht in der Lage sind, sich auf andere einzustellen. Wiederum gibt es andere, die ihre eigenen Interessen zu Gunsten der Gemeinschaft zurückstecken. Schon in der Schule ist es von Bedeutung zu lernen, sich nicht nur als Einzelner zu bewähren. Unsere Gesellschaft erwartet heute die Zusammenarbeit und die Teamfähigkeit in den verschiedensten Bereichen. Es zählt nicht nur das Vorwärtskommen eines Einzelnen.
Die Parabel „Zwei Fahrer“ von B. Brecht lässt sich nicht nur auf die Schule, sondern auch auf viele andere Lebensbereiche übertragen.

4 Romane und Novellen interpretieren

Handlungsaufbau

1.

Gastmann und Kommissär Bärlach treffen aufeinander. Seit Jahren verfolgt Bärlach den Mann, der sich Gastmann nennt, um ihn seiner Verbrechen zu überführen. Und seine Zeit wird immer knapper.

Folgende Textstellen sollten unterstrichen sein:

„Du nennst dich jetzt Gastmann (...)."

„Das weißt du schon seit einiger Zeit ganz genau. Du hast mir den Jungen auf den Hals geschickt (...)."

„Ich höre nie auf, dich zu verfolgen. Einmal wird es mir gelingen, deine Verbrechen zu beweisen."

„Du hast nicht mehr viel Zeit."

„Über vierzig Jahre ist es her (...), daß wir uns (...) getroffen haben."

2.

a) *Folgende Textstellen sollten unterstrichen sein:*

   „Über vierzig Jahre sind es her (...), daß wir uns in irgendeiner verfallenen Judenschenke am Bosporus zum erstenmal getroffen haben."

   „Du, Bärlach, warst damals ein junger Polizeifachmann aus der Schweiz (...), ich war ein herumgetriebener Abenteurer (...)."

   „Wir liebten uns auf den ersten Blick (...)."

   „Doch wie nun die verteufelten Schnäpse, die wir damals tranken, (...) da haben wir im Übermut eine Wette geschlossen (...)."

b) Bärlach, ein junger Polizeifachmann aus der Schweiz, und Gastmann, ein herumgetriebener Abenteurer, trafen sich vor vierzig Jahren in einer verfallenden Judenschänke am Bosporus zum ersten Mal. Sie waren sich von Anfang an sympathisch, tranken die ganze Nacht, weshalb ihr Gespräch zunehmend hitzig wurde. Diese Stunde sollte ihr weiteres Leben bestimmen, da sie eine teuflische Wette abschlossen.

3.

a) Bärlachs These lautet: Verbrechen sind Dummheiten, weil es unmöglich ist, mit Menschen wie mit Schachfiguren umzugehen. Zufälle bringen sie meist zwangsläufig an den Tag.

<u>Gastmanns These</u> lautet: Die Verworrenheit der menschlichen Beziehungen macht es möglich, Verbrechen zu begehen, die nicht erkannt werden können. Sie bleiben deshalb ungeahndet.

Folgende Textstellen sollten unterstrichen sein:

„Ein Verbrechen zu begehen, nanntest du eine Dummheit (...)."

„(...) daß wir ferner den Zufall, der in alles hineinspielt, nicht in unsere Überlegung hineinzubauen vermögen, der Grund sei, der die meisten Verbrechen zwangsläufig zutage fördern müsse."

„(...) daß gerade die Verworrenheit der menschlichen Beziehungen es möglich mache, Verbrechen zu begehen, die nicht erkannt werden könnten (...)."

b) Drei Tage nach der Wette stieß Gastmannn einen deutschen Kaufmann vor den Augen Bärlachs von der Brücke. Der Mord trug sich in aller Öffentlichkeit zu. Trotzdem konnte Bärlach Gastmann den Mord nicht nachweisen.

Folgende Textstellen sollten unterstrichen sein:

„Ich hielt die kühne Wette, in deiner Gegenwart ein Verbrechen zu begehen, ohne daß du imstande sein würdest, mir dieses Verbrechen beweisen zu können."

„Nach drei Tagen (...), wie wir mit einem deutschen Kaufmann über die Mahmud-Brücke gingen, hast du ihn vor meinen Augen ins Wasser gestoßen."

4.

a) Es stellt sich heraus, dass Schmied im Auftrage Bärlachs an dem Fall Gastmann gearbeitet hatte: „(...) Schmied war meine letzte Hoffnung. Ich hatte ihn auf den Teufel in Menschengestalt gehetzt, ein edles Tier auf eine wilde Bestie."

Als aber Tschanz seinen Kollegen Schmied aus Eifersucht und Neid ermordet, scheint es fast, als sei Bärlach erneut gescheitert, Gastmann zu bestrafen. Er sieht nur noch eine Chance. Er benutzt Tschanz, von dessen Mord an Schmied er weiß, und setzt ihn sozusagen als Marionette in seinem Kampf gegen Gastmann ein.

Tschanz nämlich, um den Verdacht von sich abzulenken, beschuldigt Gastmann des Mordes an Schmied und versucht, ihn zu vernichten. Bärlach lässt Tschanz nicht nur gewähren, er sorgt noch dafür, dass er eine Gelegenheit bekommt, Gastmann aus „Notwehr" zu erschießen.

b) Erste Handlungsebene: Der Mord an Schmied und die Lösung des Falles.

Zweite Handlungsebene: Feindschaft zwischen Bärlach und Gastmann, deren Hintergrund 40 Jahre zurückliegt.

Tschanz tötet Schmied und lenkt den Verdacht auf Gastmann. An dieser Stelle werden die beiden Handlungsebenen miteinander verknüpft und sind bis zum Ende miteinander verbunden, weil Bärlach hofft, mit Hilfe von Tschanz Gastmann zur Strecke zu bringen und somit seine alte Rechnung begleichen zu können.

Charakteristik und Personenkonstellation

1.

Textbelege	*Lösungsvorschläge:* Bärlachs Eigenschaften
Der Alte lebte auf und erzählte nun seinerseits von der Kochkunst der Türken, der Rumänen, der Bulgaren (...). S. 78	Er schätzt ausländisches Essen.
Bärlach hatte lange im Ausland gelebt und sich in Konstantinopel und dann in Deutschland als bekannter Kriminalist hervorgetan. S. 13	ist kein typischer Beamter
Ich habe keine Klingel. Ich brauche sie nicht; die Haustüre ist nie geschlossen. (...) Auch wenn ich fort bin. Es ist immer spannend, heimzukehren und zu sehen, ob einem etwas gestohlen worden ist oder nicht. S. 28	lässt die Haustür unverschlossen, aus Neugier, was er bei seiner Rückkehr vorfinde (schrullige Art)
Er fühlte wieder den schweren Druck auf dem Magen, die heftigen Stiche, und auf seiner Stirn lag kalter Schweiß. S. 36 Ein Jahr hast du noch zu leben (...). S. 68	ist schwer krank
Erst nach Biel unterbrach Bärlach das Schweigen (...). S. 47	redet nicht viel
Der alte Kommissär (...) gehört zum rostigen Eisen (...). S. 49	ist ein alter Mann über 60 Jahre

Textbelege	*Lösungsvorschläge:* Bärlachs Eigenschaften
Vergessen sie jedoch nicht, daß die Zeit fortschreitet und auch vor dem berühmtesten Kriminalisten nicht haltmacht. S. 18	kann sich mit neuen kriminalistischen Methoden nicht anfreunden
Bärlach wußte nun, daß er den Kampf beginnen, daß er zuerst handeln mußte, er, der alte, todkranke Mann, den Kampf um ein Leben, das noch ein Jahr dauern konnte, wenn alles gut ging (...). Bärlach richtete den Revolver gegen das Fenster (...). Dann schoß er, dann noch einmal, dreimal im ganzen, schnell und sicher durch die zersplitternde Scheibe (...). S. 94	Man unterschätzt ihn.
Gastmann: „(...) und vierzig Jahre hast du mir wacker nachgespürt." S. 68 Bärlach: „Ich höre nie auf, dich zu verfolgen." S. 67 Bärlach: „Einmal wird es mir gelingen, deine Verbrechen zu beweisen." S. 67	Seine Lebensaufgabe: Kampf gegen das Böse und Gastmann zur Strecke zu bringen
Die ungeheure, gierige Lebenskraft (...) drohte zu erlöschen. (...) Nur noch ein Jahr (...). Nur noch ein Jahr. S. 116 f.	Er ist nur noch ein klinischer Fall.

2.

Kommissar Bärlach ist ein alter, konservativer Mann, der kurz vor seiner Pensionierung steht. Er ist todkrank, arbeitet aber oft bis an die Grenzen seiner körperlichen Leistungsfähigkeit. Er hält immer noch alle Fäden in der Hand. Zurückgezogen lebt er in einem Haus, das er selbst bei Reisen immer unverschlossen lässt. Diese schrullige Angewohnheit geschieht angeblich aus „Neugier“, wie er selbst zu sagen pflegt. Zu seinen Lieblingsbeschäftigungen gehören Lesen und Essen, wobei er besonders das ausländische Essen schätzt. Dies weist nur scheinbar auf eine gewisse Offenheit Fremdem und Neuem gegenüber hin. In Wirklichkeit kann er sich im Gegensatz zu früher mit Reformen nur noch schlecht anfreunden. So muss er sich von Dr. Lutz sagen lassen: „Vergessen Sie jedoch nicht, daß die Zeit fortschreitet und auch vor dem berühmten Kriminalisten nicht haltmacht.“ Früher führte er nicht das Leben eines typischen Beamten. Schon als junger Mann hielt er sich jahrelang im Ausland auf, in der Türkei und in Deutschland. Erst später kehrte er nach Bern zurück und lebt nun dort alleine, völlig zurückgezogen, wenig flexibel und offen. Diese Lebensumstände führen dazu, dass seine Gegner ihn leicht unterschätzen. Dass das falsch ist, beweist Bärlachs Reaktion: „Bärlach wußte nun (...), daß er zuerst handeln mußte (...). Dann schoß er, dann noch einmal, dreimal im ganzen, schnell und sicher (...).“
Damals wie heute betrachtet er den Kampf gegen das Böse als seine Lebensaufgabe. In erster Linier gehört dazu, Gastmann zur Strecke zu bringen. Noch nach vierzig Jahren sagt er: „Ich höre nie auf, dich zu verfolgen. Einmal wird es mir gelingen, deine Verbrechen zu beweisen. Und jetzt ist die letzte Gelegenheit.“ Dieses Ziel ist sein Lebensmotor. Das wird deutlich, als er Gastmann richten lässt. Sein Leben hat danach keinen Sinn mehr, er wird zum klinischen Fall: „Die ungeheure, gierige Lebenskraft (...) drohte zu erlöschen. (...) Nur noch ein Jahr (...). Nur noch ein Jahr.“

3.

Gastmann hält sich für einen cleveren Verbrecher, aber er glaubt auch, dass Bärlach ein guter Kriminalist ist: „Ich wurde ein immer besserer Verbrecher und du ein immer besserer Kriminalist: Den Schritt jedoch, den ich dir voraus hatte, konntest du nie einholen.“ (S. 70) „Gastmann ist ein Weltmann und genießt das volle Vertrauen schweizerischer Unternehmen. (...) Seine Persönlichkeit steht unter jedem Verdacht.“ (S. 74) Seit der Wette tauchte er immer wieder in Bärlachs Leben auf, und es trieb ihn die Lust, unter Bärlachs Nase „immer kühnere, wildere, blasphemischere

Verbrechen zu begehen (...)". (S. 70) Die Verbrechen geschehen unter der Maske der Wohlanständigkeit. Sein Ziel war es immer, sich gegen Bärlach zu behaupten: „Deine Sehnsucht war, mein Leben zu zerstören, und meine war es, mein Leben dir zum Trotz zu behaupten." (S. 70) Gastmann ist ein Mensch, der frei von allen Bindungen und Normen lebt. Er tut das Gute und das Schlechte „aus einer Laune" (S. 82) heraus: „(...) bei ihm sind immer zwei Dinge möglich, das Schlechte und das Gute, und der Zufall entscheidet." (S. 82)

4.

Gastmann: „Es ist noch jeder umgekommen, der sich mit mir beschäftigt hat, Bärlach." (S. 98)
„Ich rate dir, das Spiel aufzugeben. Es wäre Zeit, deine Niederlage einzusehen." (S. 98)
„Das nächste Mal werde ich dich töten (...)." (S. 99)
Bärlach: „Du wirst mich nicht töten. Ich bin der einzige, der dich kennt, und so bin ich auch der einzige, der dich richten kann. Ich habe dich gerichtet, Gastmann, ich habe dich zum Tode verurteilt. Du wirst den heutigen Tag nicht mehr überleben." (S. 100)

5.

Tschanz mag äußerlich gutmütig wirken, tatsächlich steckt er aber voller Frustration und Aggression: Er „rüttelte ihn wie einen Schulbuben, hielt ihn zwischen den Fäusten, schrie (...)." (S. 87) Er leidet auch an Minderwertigkeitsgefühlen. Vor allem seinem Kollegen Schmied gegenüber fühlt er sich unterlegen. So sagt er über sich selbst: „Jahrelang bin ich im Schatten gestanden, Kommissär (...). Immer hat man mich übergangen, mißachtet, als letzten Dreck benutzt, als besseren Briefträger! (...) Nur, weil er (Schmied) bessere Schulen hatte! Nur, weil er Lateinisch konnte." (S. 87) Hierin gründet sein Neid auf Schmied. Tschanz ist missgünstig und eifersüchtig auf den Kollegen, der über eine größere Bildung verfügt und im Beruf erfolgreicher ist. Bärlach urteilt über Tschanz: „Seit Wochen hattest du Schmied beobachtet, jeden seiner Schritte überwacht, eifersüchtig auf seine Fähigkeiten, auf seinen Erfolg, auf seine Bildung, auf sein Mädchen." (S. 113) Sein Neid, seine Eifersucht, auch sein Konkurrenzdenken treiben Tschanz schließlich dazu, Schmied zu ermorden. Er hofft, auf diese Weise den beruflichen Aufstieg zu schaffen und sich aus seinem Schattendasein zu befreien.

6.

a) „Tschanz hörte dem unerbittlichen Schachspieler zu, der ihn mattgesetzt hatte (...)." (S. 114)
„Sie haben mit mir gespielt (...)."
„Ich konnte nicht anders. Du hast mir Schmied getötet, und nun mußte ich dich nehmen." (S. 114)
„Da habe ich *dich* genommen, dich, den Mörder, und habe dich in meine furchtbarste Waffe verwandelt, denn dich trieb die Verzweiflung (...)." (S. 114)

b) Während eines opulenten Mahls eröffnet Bärlach Tschanz, er wisse, dass er Schmieds Mörder sei: „Du bist Schmieds Mörder." (S. 111) Da Schmied Gastmann überführen sollte, war Bärlach diese letzte Möglichkeit genommen. Diese Aufgabe musste nun Tschanz übernehmen, der diesen Schachzug nicht bemerkte: „Da habe ich dich genommen, dich, den Mörder, (...) der Mörder mußte einen anderen Mörder finden. Ich machte mein Ziel zu deinem Ziel." (S. 114) Bärlach machte sich zum Richter über Gastmann und Tschanz zu dessen Henker. Tschanz: „Dann waren Sie der Richter, und ich der Henker (...)."
„Es ist so", antwortete der Alte. (S. 115)

Test

Test 1

Cardillac

Cardillac ist psychisch krank. Er ist ein kleiner, jedoch breitschultriger, muskulöser Mann, hoch in den Fünfzigern mit dickem, krausem, rötlichem Haupthaar. Noch hat er „die Kraft, die Beweglichkeit des Jünglings." (S. 22) Nur die Tatsache, dass er in Paris als Ehrenmann gilt, befreit ihn von dem Verdacht, tückisch und boshaft zu sein, worauf seine „kleinen, tiefliegenden grün funkelnden Augen" eigentlich hinweisen. (S. 22) Bereits als Kind stahl er Gold und Juwelen, denn schon „in der frühesten Kindheit gingen mir glänzende Diamanten, goldenes Geschmeide über alles". (S. 56)

Das Verhalten seiner Mutter hatte Cardillac geprägt. Als sie mit ihm schwanger war, wollte sie unbedingt in den Besitz der Juwelenkette eines spanischen Kavaliers gelangen. Als sie nach der Kette griff, riss der Edelmann sie mit zu Boden und starb. „Aber die Schrecken jenes fürchterlichen Augenblicks", so Cardillac, „hatten mich getroffen. Mein böser Stern war aufgegangen (...)." (S. 55)

Als Goldschmiedemeister dann, fiel es ihm schwer, seine angefertigten Schmuckstücke abzugeben. Seine Begierde ging so weit, dass er bereit war, die Menschen umzubringen, die seinen Schmuck behielten: „(...) der Schmuck ist mein!" (S. 57) Ihm ist dieser Trieb durchaus bewusst. Das zeigt sich daran, dass er von Menschen, deren Tod er nicht will, keine Aufträge annimmt. Der Öffentlichkeit ist diese krankhafte Neigung nicht bekannt. Auch die Scuderi ahnt nichts vom Treiben Cardillacs und ist „von Grausen erfüllt über die Untat eines Mannes, den sie für die Tugend, die Rechtschaffenheit selbst gehalten" hat. (S. 53) Cardillac verbirgt sich hinter der Maske der Wohlanständigkeit und genießt als Goldschmied höchstes Ansehen.

Test 2

Das Fräulein von Scuderi

Die dreiundsiebzigjährige Schriftstellerin ist nach eigener Aussage nicht reich: Allenfalls „ein paar Dutzend gut eingebundener Bücher mit vergoldetem Schnitt" würde man bei ihr finden und den Besitz „des alten Fräuleins". Sie lebt zurückgezogen und friedfertig, und nie habe sie andere verfolgt „als die Bösewichter und Friedenstörer in den Romanen, die sie selber schuf (...)". Die Scuderi fühlt sich darum von den jüngsten Ereignissen in Paris nicht bedroht. (S. 18f.)

Zurückhaltend beurteilt sie auch ihre schriftstellerische Arbeit: Sie habe „mittelmäßige Verse" geschrieben, bemerkt sie bescheiden, auf die niemand neidisch sein könne. Dass sie ein hohes Ansehen genießt und bei Hofe verkehrt, erwähnt sie auch nur beiläufig. (S. 19)

So wird die Scuderi dem Leser als eine freundliche und liebenswürdige alte Dame vorgestellt, die sich vor allem durch ihre Menschlichkeit auszeichnet. Darauf deutet bereits ihr früheres Verhalten, von dem der Erzähler berichtet: Die Scuderi hatte eine Pflegetochter, Anne Guiot, bei sich aufgenommen, die sie wie ihr eigenes Kind liebte und aufzog. Als Anne später den Uhrmacher Claude Brusson heiratete, kümmerte sie sich ebenso liebevoll um deren Sohn Olivier: „Daher kam es, dass der Junge sich ganz an sie gewöhnte, und ebenso gern bei ihr war, als bei seiner Mutter." (S. 45)

Selbst Cardillac weiß nichts Böses über sie zu sagen. Im Gegenteil, sie genießt seinen Respekt, ja seine Bewunderung: Das Fräulein von Scuderi ist offenbar die einzige Person, die beim Tragen seines Schmuckes keine Mordgedanken in ihm weckt. Er führt es auf ihre Tugend, also auf ihre vorbildliche sittliche Haltung, zurück, „vor der der böse Stern kraftlos erbleiche (...)". (S. 59)

Gerade wegen ihrer Menschlichkeit und ihrer Tugend gerät die Scuderi aber in einen Zwiespalt, als sie nach ihrer ersten Begegnung mit Olivier doch an dessen Unschuld zweifeln muss. Hatte sie sich bis dahin von ihrem Vertrauen in Madelon leiten lassen und Oliviers Unschuld nachzuweisen versucht, ist sie nun „zerrissen", bedrängt „von

den widersprechendsten Gefühlen“: Einerseits muss sie befürchten, von Madelon hintergangen und betrogen worden zu sein, andererseits bleibt weiterhin ihre „Ahnung eines Geheimnisses, der Glaube an Oliviers Unschuld“. (S. 41 f.)
Aber gerade ihre Menschlichkeit und ihre Intuition lassen sie noch einmal zögern, ein endgültiges Urteil über Olivier zu fällen. Darin unterscheidet sie sich von der gnadenlosen, auch voreiligen Justiz und dem Regiment des Päsidenten La Regnie. Die Scuderi will Olivier doch noch einmal sprechen. So erfährt sie schließlich, dass er Cardillac nicht ermordet hat. Nachdrücklicher als zuvor kann sie nun für ihn eintreten und endlich seine Begnadigung erwirken. (S. 44 ff.)

Test 3

<u>Olivier Brusson</u>

Olivier ist der Geselle Cardillacs und mit dessen Tochter Madelon verlobt. Er wird beschuldigt, Cardillac aus Habsucht ermordet zu haben, und tatsächlich bringen ihn sein Verhalten, dann vor allem sein Schweigen zunächst ins Zwielicht. Allein Madelon glaubt an seine Unschuld und überzeugt schließlich auch die Scuderi, als sie treu zu Olivier steht.
Bei ihren Nachforschungen findet die Scuderi dann alles bestätigt, was Madelon ihr über Olivier erzählt hat: Er wird von allen als ein tugendhafter Mensch beschrieben, dem nichts Böses zuzutrauen ist und der wegen seines „frommen, treuen, fleißigen Betragens“ überall geschätzt wird. (S. 34 f.)
Sein treues Verhalten allerdings bewirkt zweierlei: Zunächst bringt ihn seine Treue zu Madelon in eine fast ausweglose Situation. Ihr zu Liebe will er sein Geständnis, dass die Greueltaten Cardillacs aufklären und ihn entlasten würde, nicht öffentlich ablegen. Er fürchtet, es würde Madelon das Herz brechen, wenn sie von dem schrecklichen Doppelleben ihres Vaters erführe. (S. 53 f.)
Dann aber rettet ihn die treue Anhänglichkeit an die Scuderi, die seine Mutter groß gezogen und sich auch um ihn in den ersten Jahren seines Lebens gekümmert hatte. Ihr allein wagt er, sich anzuvertrauen, und vor ihr legt er schließlich das rettende Geständnis ab. (S. 44 ff.)

Test 4

Schluss

E. T. A. Hoffmanns Novelle „Das Fräulein von Scuderi“ wird im Wesentlichen von drei Charakteren getragen: Cardillac, dem krankhaften Mörder, Olivier, dem zu Unrecht Beschuldigten und der Scuderi, die das Verbrechen schließlich aufklären wird. Dabei geht sie anders vor als der herrschende Justizapparat unter Leitung des Präsidenten La Regnie. Er urteilt oft willkürlich und voreilig. Die Scuderi hingegen hält an der Menschlichkeit fest und versucht immer wieder, unvoreingenommen der Wahrheit nachzuspüren. So gelingt es ihr schließlich, die Unschuld Oliviers nachzuweisen und ihn zu retten.

Die Pariser Öffentlichkeit wird über die Äufklärung des Mordfalls im Dunkeln gelassen; dem Leser jedoch ist am Ende die ganze Wahrheit bekannt.

Formaler und inhaltlicher Aufbau

1.

In der ersten Strophe wird eine hypothetische Überlegung, eine Spekulation, formuliert: Wenn die Rosen, die man nicht pflückt, ewig blühen würden, dann würden sich die Mädchen auch nicht auf die Jungen, auf die Liebe einlassen.

In der zweiten Strophe wird nun die Unmöglichkeit, die Irrealität dieser Hypothese benannt: Auch ungepflückte Rosen können nicht ewig blühen – auch unberührte Mädchen bleiben nicht immer schön. Daraus wird der Schluss gezogen, dass deshalb die Mädchen keine Notwendigkeit sehen, sich vor der Liebe zu hüten.

2.

<u>1. Strophe:</u> Zwei konditionale Nebensätze mit „wenn" im Konjunktiv II (Irrealis). Die beiden Nebensätze sind syntaktisch also parallel aufgebaut (Parallelismus) und unterstreichen damit die Gleichsetzung „Rosen = Mädchen". Die gesamte Strophe besteht aus nur einem komplexen Satzgefüge, wodurch der Leser/Zuhörer zur Konzentration gezwungen und der Eindruck einer ausgefeilten Argumentationsstruktur hervorgerufen wird.

<u>2. Strophe:</u> Die Irrealität der ersten Strophe und der dazu gegensätzliche Inhalt der zweiten Strophe wird durch das vorangestellte „Aber" betont. Auch durch die Gegenüberstellung der Wörter „blühten" in der ersten und „vernichtet" in der zweiten entsteht eine Antithetik beider Strophen.

Auch die zweite Strophe besteht aus nur einem Satzgefüge, weist aber nur indikativische Formen auf. Dies bedeutet, dass hier der Argumentationsgang fortgeführt wird, weiterhin Konzentration gefordert ist und jetzt aber, im Unterschied zur irrealen ersten Strophe, die Realität beschrieben wird.

3.

Der Höhepunkt liegt in den beiden letzten Versen: Hier wird die Konsequenz aus dem vorangegangenen Gedankengang, der vorangegangenen Argumentation, gezogen. Das Gedicht entpuppt sich hier als ein „argumentatives" Liebesgedicht, es schafft sozusagen eine argumentative Legitimation für die Liebe.

4.

1. Das Ende einer Liebe
2. Erstes Begreifen
3. Ratloses Hinauszögern der Trennung
4. Fassungslosigkeit des Paares

5.

Der Höhepunkt liegt im letzten Vers: Der Verlust der Liebe ist eine subjektive, innere Katastrophe, der die Betroffenen fassungslos gegenüberstehen.
Dieser Höhepunkt wird vorbereitet durch
a) die Darstellung des plötzlichen Liebesverlusts,
b) die Darstellung der verzweifelten Gegenwehr des Paares,
c) die Darstellung der Rat- und Entschlusslosigkeit des Paares.

6.

a) Der Ausklang beginnt mit Vers 13 und zeigt das Paar nun als ein getrenntes: Sie sprechen nicht mehr miteinander, und es gibt auch keine nonverbalen Kommunikationsversuche mehr. Von Liebes*romantik* ist nichts mehr übrig. Es können nur noch *sachlich* die äußeren Gegebenheiten und die Fassungslosigkeit des Paares konstatiert werden.
b) Die „Liebeskatastrophe" wird zwar ohne emotional aufgeladenes Vokabular dargestellt *(sachlich)*, dennoch wird das subjektive Ausmaß der Katastrophe deutlich („konnten es einfach nicht fassen", Vers 17). Damit besitzt das Gedicht eine emotionale Qualität, wie sie auch eine Romanze besitzt.

7.

<u>1. Strophe:</u> Die eingeschobene Klammer und der angehängte Vergleich betonen die Sachlichkeit des Sprechers. Er kommentiert ohne Dramatisierung.
<u>2. Strophe:</u> Die Aneinanderreihung von Verbformen zeigt die Hilflosigkeit der beiden. Die Gegenüberstellung von zwei kurzen Hauptsätzen in Vers 8 verdeutlicht ihre gefühlsmäßige Trennung: Obwohl sie weint, kann er ihr keinen Trost mehr bieten.
<u>3. Strophe:</u> Die Sätze im ersten und letzten Vers kapseln den Gesprächsversuch des Mannes regelrecht ein: Er wirkt dadurch zusammenhanglos und verläuft im Sande, d. h. der Mann bekommt keine Antwort von der Frau.
<u>4. Strophe:</u> Die Aneinanderreihung von mit „und" verbundenen Verbformen verdeutlicht das Hinauszögern einer Entscheidung, die Fassungslosigkeit der beiden.
Die Strophe weist einen Vers mehr auf als die anderen Strophen, wodurch ebenfalls die fassungslose Lähmung des Paares, das seit dem Nachmittag schweigend im Café sitzt, veranschaulicht wird.

8.

Bis auf die beiden letzten Verse besteht das Gedicht aus unvollständigen Sätzen (Ellipsen). Einer Aufzählung mehrerer Infinitive folgen zwei Partizipien.

9.

Die „schwebende Pein" könnte man mit „Pein durch Ungewissheit" übersetzen. Diese Ungewissheit wird auch durch die Ellipsen beim Leser/Zuhörer hervorgerufen: Man weiß nicht so recht, wohin die beschriebenen Gefühlslagen gehören, wer sie wann hat. Vielleicht sind sie in unserem Leben allgegenwärtig, so dass sie nicht genau geortet werden können.
Erst der vollständige Satz in den beiden letzten Versen gibt eine Gewissheit, beendet die Ungewissheit: Glück ist nur durch die Liebe möglich.

10.

Vers 1–4: Hinweis auf die Kraniche am Himmel
Vers 5–12: Der Flug der Kraniche
Vers 13–20: Der Flug als inniges Beisammensein und Flucht
Vers 21–23: Das bevorstehende Ende der „Liebesflucht"

11.

Vers 2–4: Schachtelsatz als Ausdruck der engen Verbindung der Kraniche und des Himmels.
Vers 7–13: Nebensatzreihung und spät einsetzender Hauptsatz als Ausdruck des Schwebens der Kraniche und der Weite des Himmels.
Vers 20f.: Wechsel von Frage- und Antwortsätzen als Ausdruck des Zweifels, der Störung der Harmonie, des bevorstehenden Endes der Liebesbeziehung.
Vers 23: Knapper klarer Aussagesatz als kritisches Resümee: Der romantische Flug der Kraniche, das innige Beisammensein der Liebenden entpuppt sich als Illusion.

12.

Der Ausklang setzt da ein, wo der Rhythmus durch die Häufung von Fragesätzen ins Stolpern gerät (ab Vers 20): Das Ende des Fluges, das Ende der Liebe kündigt sich an.
Der Höhepunkt ist die lapidare Feststellung im letzten Vers, der die Konsequenz aus der Beobachtung des Fluges und den zweifelnd kritischen Fragen darstellt.

Die Bildhaftigkeit von Gedichten

1.

In diesem Gedicht geht es um ein Paar, das sich schon seit acht Jahren kennt und dessen Liebesbeziehung plötzlich zu Ende ist. Beide Partner sind von diesem Verlust des Liebesgefühls überrascht und verhalten sich recht hilflos. Sie gehen zwar noch einmal zusammen einen Kaffee trinken, können aber nicht mehr zueinander finden. Das Gefühl für den anderen ist verloren gegangen, und dies können beide nicht begreifen.

In dem Gedicht herrscht eine eher wehmütige, melancholische Stimmung. Es wirkt aber auch ein wenig kühl, die Gefühle des Paares werden nur verhalten ausgedrückt. Die Szene hat nichts Dramatisches.

2.

<u>Direkt:</u> Vers 3, 5, 7, 17

<u>Indirekt:</u> Vers 6, 8, 14, 16 (jeweils Ausdruck von Emotionen bei den betroffenen Personen), 9 (vorbeifahrende Schiffe als Veranschaulichung von Abschiedsgefühlen), 12 (der Klavierspieler ohne Zuhörer, der offenbar nur für sich spielt, als Veranschaulichung des Gefühls der Einsamkeit, des Alleinseins), 13, 15, 16 (das kleinste Café, der Abend und die Abwesenheit anderer Menschen als Veranschaulichung der Trauer).

3.

<u>Vers 5–7:</u> Die Häufung von Verbformen verdeutlicht, dass die beiden in relativ kurzer Zeit viel tun, um sich aus der verfahrenen Situation ihrer verlorenen Liebe doch noch zu retten. Allerdings sind es lauter hilflose Versuche, sie zeigen, wie verzweifelt und wie ratlos die beiden sind.

<u>Vers 8:</u> Der Vers mit zwei durch einen Punkt getrennten Sätzen unterstreicht, dass die Beziehung der beiden zu Ende ist.

<u>Die letzte Strophe</u> besitzt einen Vers mehr als alle anderen Strophen des Gedichts, das Personalpronomen „Sie“ wird mehrfach und die Verbform „saßen“ zweimal wiederholt. Dies unterstreicht, wie schwer sich die beiden tun, ihre Trennung zu akzeptieren und endlich auseinander zu gehen. Sie schieben diese Entscheidung immer weiter hinaus.

4.

Leicht fiel' das Herz uns in die Hosen,
Wir würden oft Angst bekommen,
Würd es nicht auf das Zwerchfell stoßen.
wenn wir nicht lachen könnten.
Gefährlich, gar in unsern Tagen,
Ists, auf der Zunge es zu tragen.
(...)
Ist es, die Wahrheit zu sagen.
Man lasse es noch bestenfalls,
Aus Angst wohl klopfen bis zum Hals
Da ist es schon weniger gefährlich, eine sehr große Angst zu haben.
Und nehms, wenn man das nötig fände,
Mit Vorsicht fest in beide Hände!
Wenn es sein muss, sollte man mutig sein.
Doch hat dies alles wenig Zweck:
Man laß es auf dem rechten Fleck!
Am wichtigsten ist es, mit Gefühl zu handeln und seine Mitmenschen zu verstehen.

5.

Lösungsvorschläge:

1. Herbst des Lebens (Metapher)
2. Göttin Justitia (Personifikation)
3. Amor (Personifikation)
4. helle Töne (Synästhesie)
5. Krone (Symbol)
6. Weg (Allegorie)
7. Der Wind pfeift. (Personifikation)
8. mutig wie ein Löwe (Vergleich)
5. mit Scheuklappen (Metapher)
10. bitter (Metapher)
11. süß (Metapher)
12. Herz (Metapher)
13. Treppenstufen ächzen (Personifikation)
14. eine großartige Stimme (Synekdoche)

6.

Personifikation „Himmel (...) geküßt“, Synästhesie „Blütenschimmer“, Personifikation „Die Erde (...) nun träumen müßt' “, Personifikation „Die Luft ging“, Vergleich „sternklar“, Metapher „Und meine Seele spannte (...) ihre Flügel aus, / Flog“, Personifikation „Als flöge sie nach Haus.“

7.

a) Es sind die Konsonanten, aus denen das Wort „Schützengraben“ besteht. Der Konsonant „m“ entsteht akustisch durch die Verschmelzung von „b“ und „n“ bei Fortfall der Vokale.
b) Durch den Wegfall der Vokale bekommen diese Konsonanten eine bedrohliche Wirkung, das Gedicht besitzt keinen Klang mehr, sondern macht beim Vorlesen nur noch verschiedene Geräusche.

8.

Es weckt die Assoziation an zischende Geschosse (z. B. „s——c——h“), an Maschinengewehrfeuer (z. B. „t-t-t-t-t-t-t-t-t-t“) und damit an Krieg. Das zu Grunde liegende Wort „Schützengraben“ ist ja auch ein Wort, das nur im Zusammenhang mit Krieg verwendet wird.

9.

Die Anfangszeile lässt das Wort „Schützengraben“ assoziieren: Die Soldaten machen sich zum Kampf bereit.
Die Schlusszeile spielt auf das Wort „tot“ an. Der Tod ist das Resultat, das Ende kriegerischer Handlungen.
Durch den deutlichen Hinweis auf den Tod als zwangsläufige Folge des Krieges wird der Krieg nicht verherrlicht oder als patriotische Notwendigkeit dargestellt, sondern seine bedrohliche, tödliche Seite betont. Darum wird dieses Gedicht auch als Antikriegsgedicht bezeichnet.

10.

Die Bedeutung des Wortes „stets“ wird grafisch und orthografisch veranschaulicht:
a) Die Buchstabenanordnung ergibt eine Kreisform: Der Kreis hat keinen Anfang und kein Ende, ist also endlos, ein Synonym für „stets“.
b) Von jeder beliebigen Position des Kreises aus lässt sich in jede Richtung stets das Wort „stets“ lesen.
c) Orthografisch betrachtet, ergibt ein Vorwärts- und ein Rückwärtslesen stets das Wort „stets“.

11.

Sprachliche Bilder: Vers 5–7 (Personifikation), 9–10 (Synekdoche), 13–14 (Metapher), 17–18 (Synästhesie), 27 (Vergleich: „einen Pulsschlag lang“), 38 (Metapher: „ein Stück“, die Menschheit wird wie eine Einheit ohne Individuen betrachtet).
Sprachliche Form: Vers 1–8 (Nebensatzreihung als Veranschaulichung des Gefühls von sorgenvoller Müdigkeit), 9–12 (unvollständige Kurzsätze/Ellipsen als Veranschaulichung des Vorübereilens, der Flüchtigkeit menschlicher Begegnung), 33 (Unpersönliches Pronomen „es“ zur Benennung von Menschen veranschaulicht die Anonymität zwischen den Menschen. Man erkennt keine Individuen mehr.).
Grafische Form: Vers 1–8 (Der „Menschentrichter“ Großstadt wird duch die Verkürzung der Verslängen, die eine Trichterform bewirkt, auch grafisch veranschaulicht.).

12.

c), f), h): Vers 8–12: Die Massengesellschaft bedeutet, dass Beziehungen sehr flüchtig werden, dass es nicht möglich ist, sein individuelles Glück zu finden. Die anderen Menschen bleiben einem fremd.

Aus der Perspektive des lyrischen Ichs

1.

Das lyrische Ich befindet sich offenbar in einer materiell äußerst beschränkten Situation: Es besitzt nur das Allernötigste, was man zum Leben braucht. So besitzt es zum Schreiben nur eine Bleistiftmine und als Kissen nur einen Beutel mit Socken.

2.

Das lyrische Ich beschäftigt sich nur mit seiner ganz engen Welt, also nur mit dem, was ihm gehört und was es unmittelbar umgibt. Die weitere Umwelt oder andere Menschen sind nicht von Interesse.

3.

Die meisten Formulierungen sind knapp und wirken prosaisch nüchtern. Es gibt nur wenige emotional besetzte bzw. wertende Formulierungen: „kostbaren Nagel“, „begehrlichen Augen“ (Vers 10 ff.): Sie zeigen, dass der geringste materielle Besitz für das lyrische Ich und seine Mitmenschen einen ungewöhnlich großen Wert hat.
„Die Bleistiftmine/lieb ich am meisten“ (Vers 21 f.): Trotz der scheinbaren Beschränkung auf den spärlichen materiellen Besitz erhält die Bleistiftmine durch das „lieb

ich am meisten" einen herausragenden Stellenwert: Sie ist nicht als materieller Besitz zum Überleben wichtig, sondern als Hilfsmittel zum Schreiben von Literatur, von Gedichten. Damit steht die Bleistiftmine für die literarisch-lyrische Ausdrucksmöglichkeit des lyrischen Ichs und ist emotional wichtiger („lieb ich am meisten") als aller zum Überleben notwendige materielle Besitz.
Obwohl die Nüchternheit des Gedichts es zunächst wie einen sachlichen Prosatext erscheinen lässt, offenbart die Bedeutung der Bleistiftmine, die es dem lyrischen Ich erlaubt, Verse zu schreiben, eine starke Emotion, ein starkes Bedürfnis, sich über Gedichte auszudrücken. Dieses Bedürfnis bleibt auch unter ungünstigen äußeren Umständen lebendig.

4.

Das lyrische Ich vermittelt den Eindruck, aufs Äußerste schutzbedürftig zu sein: Die banalsten Besitztümer sind materiell bzw. emotional offenbar überlebenswichtig. Diese Schutzbedürftigkeit wirkt aber auch bedrückend, es entsteht der Eindruck einer sozial isolierenden Selbstbeschränkung. Andere Menschen werden nur noch als Gefährdung der eigenen Existenz wahrgenommen.

5.

Das Gedicht gehört offensichtlich zur so genannten „Trümmerliteratur", die nach dem Ende des Zweiten Weltkriegs entstand. Es basiert auf den Erfahrungen des Autors während seiner Kriegsgefangenschaft und zeigt einen Menschen, der ausschließlich mit seinem materiellen und emotional-individuellen Überleben beschäftigt ist.
Das lyrische Ich besitzt also autobiografische Züge.

6.

Der Begriff „Inventur" bezeichnet üblicherweise die Bestandsaufnahme des Warenlagers einer Firma zum Ende eines Rechnungsjahres. Hier bekommt der Begriff eine erweiterte Bedeutung: Er beinhaltet den Kampf eines Menschen um sein materielles und emotionales Überleben. Die (betriebswirtschaftliche) Sachlichkeit des Begriffs stellt eine Untertreibung dar, die in besonderer Schärfe auf die Not des Einzelnen nach dem Ende des letzten Weltkriegs hinweist.

7.

Vers 3–4, 17–18, 21–24: Im Mittelpunkt stehen nicht die Schönheit der Geliebten oder die Liebesgefühle des lyrischen Ichs, sondern eine Reflexion über die Vergänglichkeit der Schönheit („Memento mori"). Daraus wird abgeleitet, dass Geliebte und Geliebter die Gegenwart genießen und sich lieben sollen („Carpe diem"). Das „Memento mori" dient also sozusagen als philosophisches Argument für das „Carpe diem".

8.

Es überwiegen die Formen der ersten Person Plural („uns“, „wir“), gefolgt von denen der zweiten Person Singular („du“, „dich“) vor denen der ersten Person Singular („ich“, „mich“, „mir“). Damit wird die Gemeinsamkeit der Liebenden und die Hinwendung des lyrischen Ichs zur Geliebten verdeutlicht. Das Gedicht gipfelt in einer Häufung von Formen der ersten Person Singular, die syntaktisch mit denen der zweiten Person Singular verwoben sind (Vers 21–24). Der rasche Wechsel zwischen beiden Formen verdeutlicht, dass die Liebenden nicht als Einheit sondern als eng verbundene Zweiheit betrachtet werden. Die Liebenden sind wechselseitig voneinander abhängig.

9.

Vers 1: Die Verbindung des „Ach“ mit der Anrede „Liebste“ unterstreicht die starke emotionale Bewegung des lyrischen Ichs.

Vers 21–22: Das lyrische Ich nimmt sozusagen eine Doppel-Perspektive ein: Es spricht nicht nur von den eigenen Bedürfnissen, sondern auch von denen der Geliebten. Die Eigenliebe der Geliebten soll sich in ihre Liebe zum lyrischen Ich verwandeln.

Vers 23: Die Imperativform „Gieb mir“ betont die Dringlichkeit des Liebeswunsches.

10.

c): Vers 5–20: Der Liebeswunsch des lyrischen Ichs wird durch eine argumentative Kette regelrecht begründet. Die Angesprochene soll nicht nur emotional angesprochen, sondern auch überzeugt werden.

11.

Die Formulierung „Wir haben Zeit“ hat nicht die heute übliche Bedeutung, dass es auf die Zeit nicht so sehr ankommt. Vielmehr wird mit ihr ausgedrückt, dass die Liebenden die Zeit beachten müssen. Sie müssen daran denken, dass sie vergänglich sind.

Die klangliche und rhythmische Form

1.

Alliterationen: Vers 2 u. 3 („saß“ u. „sah“), 7 u. 8 („Wasser“ u. „Weib“), 9 u. 29
Anaphern: Vers 1 („Wasser“), 5, 9, 11, 21 u. 23, 25, 29, 31
Reimform: durchgängig männliche Reime
Stellung der reimtragenden Wörter: Endreim
Reimstruktur: Kreuzreim (a – b – a – b)
Dissonanz: Vers 9 u. 11 („ihm“ – „Menschenlist“)
Assonanz: Vers 29 u. 31 („ihm“ – „hin“)
Vokalhäufung: Vers 1–4: dunkle Vokale, 11, 15 u. 16: helle Vokale

2.

b) Das Wort „Wasser“ drängt sich durch die Wiederholung dem Hörer bzw. Leser auf, es rückt ihm wie dem Fischer sozusagen auf den Leib.

3.

c) Ein leise gezischtes „s“ kann auch alltagssprachlich dazu dienen, auf sich aufmerksam zu machen, jemanden zu sich zu locken.

4.

Vers 2 u. 3: Die Alliteration in Verbindung mit dem dunklen Vokal „a“ betont die Ruhe des Fischers.
Vers 7 u. 8: Veranschaulichung der engen Verbindung von Wasser und Nixe.
Vers 27 u. 28: Die Wiederholung des „w“ veranschaulicht die wachsende Sehnsucht des Fischers.
Vers 5: Die Wiederholung des „w“ veranschaulicht die steigende Neugier des Fischers, der angestrengt etwas zu hören versucht.
Vers 11: Der Kontrast zwischen der Welt des Wassers, in der die „Brut“ der Nixe beheimatet ist, und den Menschen wird durch die Wortwiederholung unterstrichen.
Vers 21 u. 23: Durch die Wiederholung des „Lockt“ werden Himmel und das Spiegelbild des Gesichts eng verbunden. Damit erinnert die Szene an die Sage vom Narziß, der sich aus Liebe zu seinem eigenen Spiegelbild verzehrte (Narzißmus).
Vers 31: Die Wiederholung des „halb“ veranschaulicht die enge Verbindung von „ziehen“ und „sinken“: Es ist kaum noch auszumachen, ob der Fischer ins Wasser gezogen wird oder voller Sehnsucht ins Wasser sinkt.

5.

Nur der a-Reim wird wiederholt.

6.

Durch die Wiederholung des a-Reims schließt sich sozusagen der Kreis der Verführung, die vom Wasser ausgeht, einem Element, das dem Element des Menschen, der Erde, entgegengesetzt ist. Das Element Wasser steht am Anfang und am Ende dieser „Verführungsszene“ und ist darum von großer Bedeutung.

7.

Dissonanz: Vers 9 u. 11: Die Dissonanz veranschaulicht das Störende des menschlichen Eingriffs in die Wasserwelt.
Assonanz: Vers 29 u. 31: Die Assonanz verdeutlicht, dass es hier nicht harmonisch zugeht. Zwar fällt kein Wort wie „Tod“ oder „kühles Grab“, aber immerhin wird der Fischer „nicht mehr gesehn“. Sie stellt also einen Hinweis auf den Tod dar.
Vokalhäufung: Vers 1–4: Die Häufung dunkler Vokale veranschaulicht die anfängliche Ruhe des Fischers.
Vers 11, 15 u. 16: Die Häufung heller Vokale unterstreicht den Liedcharakter der Nixenansprache, aber auch, dass sie dabei ist, den Fischer aus seiner Ruhe zu bringen.

8.

a) Reimformen: Vers 1–20: weibliche/klingende Reime, 22 u. 23: männlicher Reim
b) Reimstruktur: Vers 1–18: Kreuzreim, 19 u. 20, 22 u. 23: Paarreim

9.

Der Kreuzreim weist die folgende Form auf: a–b–a/b–c–b/c–d–c. Durch diese Struktur werden dreiversige Strophen gebildet, die jeweils dieselbe Struktur aufweisen: Zwei Reimverse umschließen einen dritten Vers, dessen Schlusssilbe sich mit den Reimversen der folgenden Strophe reimt.
Der Schluss des Gedichts wird durch den Paarreim vom Rest des Gedichts deutlich abgesetzt.

10.

Solange die „Liebesgeschichte“ der beiden Liebenden, veranschaulicht im Bild der Kraniche, andauert, ist die Reimform weiblich und betont damit das Schwebende der Kraniche, die Versmusik ist klangvoll. Als das lyrische Ich das Ende der Liebesbeziehung ins Auge fasst, wechselt die Reimform zu einem männlichen Reim, der das Abrupte des Endes unterstreicht.

Die Kreuzreime, die zunächst das Gedicht gliedern, werden am Schluss durch zwei Paarreime ersetzt, die nicht mehr miteinander verklammert sind. Durch diese Änderung der Reimstruktur werden die innige Verbundenheit der Liebenden zu Beginn und ihre bevorstehende Trennung am Schluss unterstrichen.

11.

Vers 21: Diese Dissonanz („beisammen" reimt sich weder auf „allen" noch auf „Bald") veranschaulicht, dass das enge *Beisammen*sein der Liebenden bald zu Ende ist, dass sie bald *getrennt* sind.

12.

Bis Vers 17 herrscht ein *gleichmäßiger* Rhythmus, der vorwiegend von einem Jambus *(steigend)* bestimmt wird. Dies unterstreicht den *harmonischen Flug* der Kraniche. Ab Vers 20 gerät der Rhythmus sozusagen ins Stolpern, er wird immer wieder unterbrochen: In Vers 20 und 22 wird der Vers jeweils in mehrere Fragen und Antworten „zerhackt". Die fließende Bewegung der vorangegangenen Verse ist zu Ende.

13.

Die Harmonie des Flugs, also der Liebesbeziehung, ist gestört. Der Flug der Kraniche, die Beziehung der beiden Liebenden, wird bald beendet sein.

14.

a) Jambus:

Da steh ich nun, ich armer Tor,
_ ´_ _ ´_ _ ´_ _ ´_
und bin so klug als wie zuvor.
_ ´_ _ ´_ _ ´_ _ ´_

b) Trochäus:

Hat der alte Hexenmeister
´_ _ ´_ _ ´_ _ ´_ _
Sich doch einmal wegbegeben!
´_ _ ´_ _ ´_ _ ´_ _
Und nun sollen seine Geister
´_ _ ´_ _ ´_ _ ´_ _
Auch nach meinem Willen leben!
´_ _ ´_ _ ´_ _ ´_ _

c) Daktylus: Schon trübet der Mond sich verschwindenden Scheins,

_ ´_ _ _ ´_ _ _ ´_ _ _ ´_

Die Glocke, sie donnert ein mächtiges Eins (...).

_ ´_ _ _ ´_ _ _ ´_ _ _ ´_

d) Anapäst Und es wallet und siedet und brauset und zischt,

_ _ ´_ _ _ ´_ _ _ ´_ _ _ ´_

Wie wenn Wasser mit Feuer sich mengt,

_ _ ´_ _ _ ´_ _ _ ´_

Bis zum Himmel spritzet der dampfende Gischt

_ _ ´_ _ ´_ _ _ ´_ _ _ ´_

Test

Test 1

Der junge Brecht schreibt in einer Zeit großer gesellschaftlicher Veränderungen und tritt selbst gegen die bisher geltenden Konventionen an.
Das Gedicht handelt von einer Liebesbeziehung, die nicht in eine bürgerliche Welt passt. Für damalige Verhältnisse ist es eigentlich eine unmoralische Liebesbeziehung. Sie hat auch keine konventionellen romantischen Eigenschaften, die sich z. B. in Sehnsucht oder schmerzhafter Erinnerung zeigen. Die Unverbindlichkeit dieser Liebe entspringt vielleicht auch der Perspektive des noch sehr jungen Dichters, der natürlich noch keine Heiratsabsichten hat.
Brecht orientierte sich in seiner Lyrik eher an klassischen Vorbildern:
Das Gedicht wirkt in seinem gleichmäßigen Rhythmus durchaus konventionell und nicht revolutionär.

Test 2

teilweise Reimform, freundliche, ausgeglichene Klangwirkung (z. B. keine Häufung dunkler Vokale), gleichbleibender ruhiger Rhythmus, harmonisch nachdenkliche Stimmung

Test 3

1. Strophe: Darstellung einer vergangenen Liebesszene unter einem Pflaumenbaum, Erinnerung an eine weiße Wolke.

2. Strophe: Liebesszene lange her, keine Erinnerung an Gesicht der Geliebten.
3. Strophe: Erinnerung an die Wolke stärker als an die Geliebte, Vermutungen über das jetzige Leben der Geliebten und den jetzigen Zustand der Pflaumenbäume.

Test 4

Aufbau: 3 Strophen zu je 8 Versen
Reimform: durchweg männliche Reime, Assonanz: Vers 15
Reimstruktur: (in jeder Strophe) a–b–c–b–d–e–f–e
Metrum: Jambus

Test 5

Häufung von romantisch wirkenden Adjektiven in 1. Strophe ("still", "blau", "hold")
Vergleich: „wie einen holden Traum“
Metapher: „Monde geschwommen still hinunter“, „Wolke blühte nur Minuten“
Allegorie: statt von der „Geliebten“ wird nur von der „Liebe“ (Vers 12) gesprochen: eine umgedrehte Allegorie: die konkrete Person wird durch eine Abstraktion benannt.
Äußere Gegebenheit mit bildhafter Wirkung: die weiße Wolke, die plötzlich verschwunden ist – ein Bild für die Vergänglichkeit, die Flüchtigkeit der Liebesbeziehung
Direkte Anrede: Vers 12–14
Enjambement: Vers 1–4, 5–6, 9–10
Mehr als 1 Satz im Vers/Unterbrechungen im Vers: Vers 6, 8, 12, 13, 14, 15, 16, 17, 24
Parallelismus: Vers 3 u. 6, 12 u. 13 („Und fragst du mich“ – „So sag ich dir“), 13 u. 16 („So sag ich dir: Ich kann (...)“ – „Ich weiß nur mehr: ich küßte (...)“)
Anapher/Epipher: Vers 9, 15, 16, 19, 22, 23, 24
Alliteration: Vers 3, 6, 13, 15, 18, 19, 20

Test 6

a) Einleitung

In Brechts Gedicht „Erinnerung an die Marie A.“ geht es um die Erinnerung an eine lange vergangene Liebesbeziehung. Während die erste Strophe die recht genaue Schilderung von Zeit und Ort einer vergangenen Liebesszene beinhaltet, stellen die beiden folgenden Strophen nur noch Versuche dar, sich an etwas zu erinnern. Hier bleibt es aber bei sehr vagen Erinnerungsbruchstücken und Spekulationen.

Das Gedicht besteht aus drei Strophen mit jeweils acht Versen. Jede Strophe besitzt die Reimstruktur a–b–c–b–d–e–f–e. Die Reimpaare sind männlich.

b) Zusammenfassung nach Strophen

In der ersten Strophe entsteht durch die Häufung romantisierender Adjektive das Bild einer idyllisch wirkenden Liebesszene („blauen Mond“, „stille, bleiche Liebe“, „holden Traum“, „schönen Sommerhimmel“). Allerdings fällt bei genauerem Hinsehen auf, dass an keiner Stelle von einer bestimmten Person, der Geliebten, die Rede ist. Die Formulierungen bleiben seltsam vage, ja wecken sogar Assoziationen an den Tod („stille bleiche Liebe“). Die Geliebte wird nur durch die umgedrehte Allegorie „Liebe“ benannt und bleibt dadurch unbestimmt und anonym. Durch die parallele Gestaltung von drittem und sechstem Vers (jeweils eine Unterbrechung, Alliteration) werden die Liebe und die Wolke quasi gleichgesetzt: So fern und flüchtig wie die Wolke, ist offenbar auch die Liebe.

Der harmonisch-idyllische Gesamteindruck wird allerdings unterstrichen durch die beiden Enjambements dieser Strophe, die zusammen mit dem gleichmäßigen jambischen Rhythmus den Eindruck von etwas sanft Dahinfließendem vermitteln. Die Strophe schließt mit dem eindringlichen Bild der weißen Wolke, deren Entfernung und Unerreichbarkeit durch die ungewöhnliche Formulierung „ungeheuer oben“ unterstrichen wird. Mit diesem Bild bekommt die vordergründig idyllische erste Strophe den Charakter des Flüchtigen, des Irrealen.

In der zweiten Strophe findet sozusagen die Erinnerungsarbeit des lyrischen Ichs statt. Zunächst wird das Bildhafte, das Fließende der ersten Strophe besonders durch die Metapher „viele, viele Monde geschwommen“ fortgesetzt. Dann kommt aber ein fiktiver Gesprächspartner ins Spiel und zwingt das lyrische Ich sozusagen dazu, sich etwas genauer zu erinnern. Aber hier muss es passen: „Ich kann mich nicht erinnern“. Es hat keine Erinnerung, wer die Geliebte war und wie sie ausgesehen hat.

Dieses Suchen in der Erinnerung wird durch die häufigen Versunterbrechungen unterstrichen. Dadurch bekommen einzelne Verse etwas Stolperndes oder Stotterndes. Die Wiederholung des „weiß“ in Vers sechs, sieben und acht zeigt, wie angestrengt das lyrische Ich nach Erinnerungsstücken sucht, sie aber nicht findet.

Ungefragt und wie ferngesteuert kommt in der dritten Strophe wieder die Rede auf die ferne weiße Wolke, die schon die erste Strophe abgeschlossen hat. Die mühsame Erinnerungsarbeit mündet wieder in diesem flüchtigen Bild. Die folgenden Verse sind nur noch vage Spekulationen („vielleicht“). Wie schon die erste wird auch die dritte Strophe nicht nur vom Wolkenbild eingeleitet, sondern mit diesem Bild auch beendet. Damit hebt diese Strophe endgültig ins Träumerische, Vage und Unbestimmte ab. Die Erinnerung, die dargestellte Liebesbeziehung, ist wie die Wolke: fern und irreal, aber auch leicht.

c) Die Perspektive des lyrischen Ichs

Die Perspektive des lyrischen Ichs ist die eines Mannes, der von einer längst vergangenen Liebe erzählt. Die Liebe des lyrischen Ichs ist eigentlich nicht an einem bestimmten Gegenüber orientiert, sondern an einem vagen Gefühl. Die Stimmung ist so leicht und vielleicht auch unverbindlich wie das zentrale Bild der weißen Wolke. Es gibt also in diesem Gedicht keinen Liebesschmerz oder Trauer oder Sehnsucht.

d) Zusammenfassende Interpretation

Das Gedicht wirkt zunächst vordergründig idyllisch, vielleicht sogar sentimental. Bei genauerem Hinsehen erkennt man jedoch, dass es zwar verführerisch wirken soll, es aber an keiner Stelle um ein tiefes Liebesgefühl, sondern nur um eine unbestimmte Erinnerung geht. Dieser Eindruck wird durch das zentrale, das Gedicht einrahmende Bild der flüchtigen Wolke besonders betont.

Dieses Liebesbild steht vielleicht auch in Zusammenhang mit der Jugendlichkeit und der politisch-gesellschaftlichen Haltung des Dichters: Brecht schrieb das Gedicht mit 22 Jahren, also in einem Alter, in dem man auch in der Liebe noch auf der Suche ist. In diesem eigentlich unromantischen, für damalige konservativ-kaiserzeitliche Normen vielleicht sogar unmoralischen Liebesgedicht zeigt sich aber auch der unkonventionelle Dichter, der sich gegen überkommene Normen auflehnt und der Literatur eine kritische und nicht nur unterhaltende Rolle zuschreibt.

6 Dramen interpretieren

Personen und ihre Beziehungen

1.

a) Ort der Handlung: Andorra; Beziehungen der Personen: werden nicht erkennbar. Der Leser wird neugierig, in welcher Beziehung die Personen denn zueinander stehen, z. B. wessen Mutter die „Mutter" und wer denn ihr Mann ist. Auch die Bezeichnung „der Jemand" weckt die Neugier, wer sich hinter diesem Pronomen verbirgt.

b) Zeit der Handlung: Es muss in der modernen Zeit spielen, in der es große Ölkonzerne gibt („Armenian Oil"), auch der Begriff „Multimillionärin" war in alter Zeit nicht gebräuchlich. Ort der Handlung: Es muss sich um einen kleineren Ort handeln (nur 1 Polizist, 1 Lehrer etc.).Beziehungen der Personen: Claire Z. mit ihren Gatten und ihrem Butler, Ill mit seiner Frau, seiner Tochter und seinem Sohn.
Der Leser wird neugierig auf die Figur der Claire Z., deren viele Gatten es offenbar nicht einmal mehr verdienen, mit Namen genannt zu werden.
Auch will man wissen, warum und für wen denn die Presseleute zu „Lästigen" werden.

2.

Vorwürfe machen 6–8, 12–18, 26–32
sich rechtfertigen 35–41

3.

bitten 1–2 (Bitte um Verständnis und Gehör), 32 (Bitte, als Vater anerkannt zu werden)
seine Verachtung ausdrücken 8–10, 31 (Selbstverachtung), 35, 39
beleidigen 39
sich rechtfertigen 13–14

4.

Beide, Rudenz und der Lehrer, werden jeweils angegriffen. Dabei ist allerdings Rudenz in einer besseren Position als der Lehrer: Er ist von der Richtigkeit seines Handelns überzeugt. Der Lehrer dagegen ist verzweifelt und hilflos.
Sowohl Attinghausen als auch Andri lehnen das Verhalten ihres Gegenübers ab. Attinghausen macht seinem Neffen schwer wiegende Vorwürfe, ohne schon die Hoffnung auf Einsicht aufgegeben zu haben. Andri dagegen hat offenbar schon resigniert, er zeigt nur noch Verachtung sich selbst und dem Lehrer gegenüber.

5.

A) 6–8 Aneinanderreihung unechter (rhetorischer) Fragen; 13 doppelte Nennung des Vornamens; 23 („tyrannischen Gewalt"), 26 („abtrünnig"), 38 („nach der leichten Freude jagen"): abwertende Wortwahl; 31–32 zwei Rückfragen als Einleitung einer Rechtfertigung.

B) 1–2 Satzwiederholung; 10 unbestimmte pronominale Formulierung („es"), ohne den Grund für die Verachtung zu nennen, Ausdruck der Resignation; 11, 16, 25, 30, 39 Fragen des Lehrers, um Andri zu verstehen, verzweifelter Versuch, ins Gespräch zu kommen; 39 umgangssprachlicher Ausdruck als Zeichen der Verachtung.

6.

A) „setzt sich" (5): Ausdruck der Gesprächsbereitschaft Attinghausens

B) „wankt" (4): Zeichen des starken Alkoholkonsums und der Verzweiflung
„schweigt" (12): Verweigerung des Gesprächs, Ausdruck der Resignation, die Enttäuschung über das Verhalten des Lehrers;
„Der Lehrer starrt ihn an" (28): Ausdruck der Überraschung, des Entsetzens

7.

A) Wegen ihrer unterschiedlichen politischen Ansichten könnte es sein, dass sich Attinghausen und sein Neffe immer weiter voneinander entfremden. Es könnte bei einer Eskalation des Konflikts sogar sein, dass sie irgendwann einander hassen und sich als Todfeinde gegenüberstehen.

B) Die Beziehung zwischen Andri und seinem Vater, dem Lehrer, ist stark gestört. Sie haben sich offenbar völlig einander entfremdet: Der Lehrer ist darüber zum Alkoholiker geworden, und Andri gibt ihm auch keine Gelegenheit mehr, mit ihm ins Gespräch zu kommen. Andri scheint aber nicht nur den Lehrer, sondern auch sich selbst zu hassen.

8.

A) Shen Te spricht niemanden an, ihr Lied ist ein monologisches Lied.

B) Eine lange Selbsterklärung, die von keiner Anredeform unterbrochen, aber mit einer Anrede eingeleitet wird und am Schluss sogar in einen Appell an den Angesprochenen mündet. Man könnte dies als dialogischen Monolog bezeichnen.

C) Rudenz spricht sein Gegenüber, den Landvogt, mehrfach ausdrücklich an, seine Selbsterklärung fällt relativ kurz aus und mündet in einen ausdrücklichen Vorwurf – also einen eindeutigen Dialogbeitrag, der allerdings dem Gegenüber kaum eine Chance lässt, noch etwas zu erwidern.

9.

C) Rudenz spricht ausdrücklich davon, dass ihm sein Irrtum, seine falsche Sicht der Dinge, bewusst geworden ist („Die Binde fällt von meinen Augen“) und ihn seine persönliche Einsicht nun zur Umkehr zwingt.

10.

A) Shen Te begründet ihre Maskerade mit den Notwendigkeiten des Überlebens und nicht mit individuellen Einsichten.

B) Andri übernimmt die Rollenvorgaben seiner Umgebung, er besitzt keine persönliche Identität.

A) und B) als moderne Dramen betonen also gesellschaftliche Zwänge als wesentliches Motiv menschlichen Handelns, während C) entsprechend der klassischen Dramenkonzeption menschliches Handeln noch als Resultat einer persönlichen Entscheidung darstellt.

Der Aufbau eines Dramas

1.

Offenbar waren die Götter von Anfang an entschlossen, die Welt zu verlassen, ohne sie zu ändern. In der ersten und in der letzten Szene reden sie sich ein, dass sie einen guten Menschen gefunden haben und nichts weiter mehr wissen wollen und zu tun haben.

A) „Freudig setzen wir sie jetzt fort, da wir einen schon gefunden haben. Auf Wiedersehen!“

B) „Jedoch / Gedenken wir dort über den Gestirnen / Deiner, Shen Te, des guten Menschen (…).“

An der Haltung der Götter hat sich also von der ersten bis zur letzten Szene nichts geändert, an den Problemen der Welt, veranschaulicht an der Prostituierten Shen Te, ebenfalls nicht. Die Handlung ist demnach kreisförmig verlaufen, sie endet da, wo sie auch begonnen hat.

2.

A) Der Soldat zeigt Andri, dass er ihn für einen Juden und daher für geldgierig hält. Er grenzt ihn aus der Gemeinschaft der Bürger aus („Und für deinesgleichen sollen wir kämpfen?“).

Motiv: Vorurteil, dass Andri ein Jude sei und Juden bestimmte negative Eigenschaften besäßen.

B) Andri macht sich Selbstvorwürfe, dass er gefühllos, also auch nicht zur Liebe fähig sei.
Motiv/Ursache: Vorurteil Andris gegenüber sich selbst, weil er ständig mit den Vorurteilen seiner Umgebung konfrontiert wird.
C) Andris Meister prüft den falschen Stuhl, offenbar, um sein Vorurteil vom handwerklich unbegabten Juden zu bestätigen.
Motiv: Vorurteil gegenüber Andri und die Juden.
D) Die Tatsache, dass Andri wie andere Leute auch Geld in seiner Tasche hat, wird als Beweis für seine jüdische Herkunft gewertet. Das Vorurteil (zugleich das Motiv) führt zur Gewaltanwendung gegen Andri: Er wird abgeführt und man hört Andris Schrei.

3.

Die Szenenausschnitte zeigen immer wieder das gleiche Motiv: ein antisemitisches Vorurteil. Allerdings bleibt die Handlung nicht auf der Stelle stehen, sondern eskaliert in die Gewaltanwendung gegenüber Andri: Aus der psychischen wird schließlich physische Gewalt. Die Szenen, die D) vorausgehen, bereiten demnach diese Gewaltanwendung vor. Sie haben allerdings immer wieder das Vorurteil als zentrales Motiv und Ursache. Damit sind sie untereinander nicht kausal verbunden, sondern kausal weitgehend unabhängig voneinander. Sie demonstrieren immer wieder nur das Gleiche.

4.

Die Exposition besteht in dem beginnenden Widerstand der Schweizer gegen die (habsburgische) Willkürherrschaft: Der Schweizer Kuoni hat den Vogt erschlagen, weil dieser seine Ehre verletzt hat. Sein Landsmann Tell hilft ihm nun zu entkommen (Szenenausschnitt A).
Der zentrale Konflikt ist der zwischen der habsburgischen Herrschaft und ihren Vertretern, den Vögten, einerseits und den Schweizern in den verschiedenen Kantonen, die ihre Freiheit eingeengt sehen, andererseits. In B) und C) bereitet sich ein breiter politischer Widerstand vor, in den dieser Konflikt eskaliert.
Auf dem Höhepunkt des dramatischen Geschehens offenbart der habsburgische Landvogt noch einmal seine tyrannischen Absichten und wird von Tell getötet (D). Damit ist eine wichtige Stütze der Fremdherrschaft beseitigt und ein wesentlicher Teil des politischen Konflikts gelöst.
Tells freudige Rückkehr wird durch die Anwesenheit eines Fremden getrübt, der sich als der Kaisermörder herausstellt (E).
Die zweite Spannungsfrage lautet nun, ob sich die beiden Attentäter verbünden, oder ob Tell seinen Tyrannenmord von dem egoistisch motivierten Mord Parricidas abgrenzt und sich von diesem distanziert. Tell verurteilt die Tat des anderen als Vater-

mord (E) und macht damit den Weg frei für das glückliche Ende des Dramas: Über die Standesgrenzen hinweg erklären die Schweizer ihre nationale Zusammengehörigkeit und ihren Freiheitswillen (F).

5.
Es handelt sich um ein geschlossenes Ende, weil alle wesentlichen Spannungsfragen beantwortet sind: Die Schweiz ist von der Fremdherrschaft befreit, Tell, der moralische Held, bleibt Sieger und stiftet sogar einen neuen politischen Frieden.

6.
Hier handelt es sich um ein offenes Ende: Barblin besteht darauf, dass Andris Verschwinden nicht vergessen werden darf. Über Andorra lastet eine schwere moralische Hypothek, und es bleibt die offene Frage, wie diese Hypothek abgetragen werden kann und wird.

7.
Wie wird die schwangere Prostituierte Shen Te mit ihrem Leben zurechtkommen, wenn die Götter endgültig verschwunden sind? Welche religiöse Haltung wird sie wohl entwickeln?

Die Wirkung auf den Zuschauer

1.
Allein das Auftreten der Götter zeigt, dass hier nicht einfach die Wirklichkeit auf der Bühne abgebildet werden soll. Auch ihre Sprache (lyrisch und in Liedform) entspricht nicht der normalen Sprachverwendung.

2.
Die Wirklichkeitsillusion des Zuschauers wird in den Bühnenanweisungen durch genaue Beschreibung der Sprechweise und der Handlungen sowie die dialektale und in die Situation eingebundene Sprache der Personen gefördert.

3.

Keine der beiden Schussszenen passt zu einem Drama mit geschlossener Handlung: In beiden Szenen bleiben Menschen in einer ungelösten Notsituation zurück. Die Prostituierte ist ratlos, ja sogar verzweifelt, wie es weitergehen soll. Die Weber haben den ersten Toten in ihrem Kampf mit ungewissem Ausgang zu beklagen.

4.

Der Epilog bittet das Publikum, nicht verärgert zu sein, obwohl das Drama keinen richtigen Abschluss hat. Eigentlich sollte eine harmonische Geschichte erzählt werden, die aber dann ungewollt auf ein negatives Ende hinausläuft. Dieses Ende ist negativ, weil das zentrale Problem nicht gelöst wurde und alle Fragen noch offen sind. Die Schauspieler erklären, dass sie wirklich erschüttert sind und nur eine einzige Rettung aus der Misere sehen: Der Zuschauer denkt selbst nach, wie dem guten Menschen geholfen werden könne. Das Publikum wird noch einmal eindringlich aufgefordert, unbedingt einen guten Schluss zu suchen.

5.

Der Epilog passt zur Schlussszene von „Der gute Mensch von Sezuan". Ähnlich wie in der Schlussszene, handelt es sich auch hier um eine situationsferne, eher lyrische Sprache (Reimform). Im Mittelpunkt sowohl der Schlussszene als auch des Epilogs steht das Problem des guten Menschen oder, wie der Mensch in dieser Welt gut sein und bleiben kann. Vor diesem Problem verschließen die Götter in der Schlussszene die Augen. Zur Lösung dieses Problems wird das Publikum im Epilog aufgefordert.

6.

Die Hauptfigur Tell erscheint als positiver Held: Er legitimiert sein Attentat mit der Notwendigkeit, Frau und Kinder vor der Verfolgung durch den Landvogt zu schützen. Diese Bedrohung seiner Familie ist nicht nur ein Vorwand. Denn Tell wurde ja schon zum Schuss auf seinen eigenen Sohn (den so genannten „Apfelschuss") gezwungen. Diese moralische Legitimation wird durch eine religiöse untermauert: Tell macht aus seiner Tat eine Verpflichtung, die er Gott gegenüber eingegangen ist.
Tells Sprache ist zudem emotional, ja sogar pathetisch (z. B. „Mit furchtbarm Eidschwur, den nur Gott gehört (...)").

7.

Heldenhaft ist an ILLs Auftreten, dass er nicht weinerlich ist, dass er nicht wirklich verzweifelt wirkt, dass er seine Selbstachtung nicht zu verlieren schein. Er ist gefasst. Aber diese Gefasstheit geht so weit, dass man den Eindruck bekommt, es ginge gar nicht um seinen bevorstehenden Tod. Er spricht darüber wie ein Anwalt, wie ein Unbeteiligter. Seine Sprache ist emotionslos. Er spricht knapp und verwendet keine emotional aufgeladenen Vokabeln, sondern eher juristische oder sachliche (z. B. „Der Vorschlag bedroht mich (...). Das ist doch logisch."). An keiner Stelle formuliert er eine moralische oder sogar religiös argumentierende Anklage.
Seine Aufforderung an den Pfarrer, nicht für ihn, sondern für Güllen zu beten, zeigt einerseits, dass er seinem Tod gefasst gegenübersteht und er andererseits in diesem Tod eine schwere moralische Verfehlung seines Heimatortes sieht, der ihn zu diesem Tod verurteilt hat. Damit bekommt sogar ILL ohne pathetische Sprache Züge eines positiven Helden, der zwar für keine große Sache kämpft, aber seine Selbstachtung und seine moralische Urteilsfähigkeit behält.

Test

Test 1

24.: 1., 3., 20.
25.: 4., 7., 8., 12., 13. (antisemitische Vorurteile der Andorraner gegenüber Andri), 17., 19. (Ermordung der Senora nach ihrem Weggang)
26.: 4., 7., 8., 12., 13. (antisemitische Vorurteile der Andorraner gegenüber Andri)
27.: s. a. 26.
28.: 17.
29.: 1.
30.: 10., 11.
31.: 4., 5., 9., 22.

Test 2

- Barblin, die Halbschwester und Verlobte des Mordverdächtigen Andri
- Stiefmutter und Vater von Andri
- Der Wirt, offenbar der wirkliche Mörder der Senora, der die Schuld auf Andri abzuschieben sucht
- Der schweigende „Judenschauer", dem die Aufgabe zugeschrieben wird einen Juden und Mörder zu ermitteln

Test 3

Der zentrale Konflikt in dieser Szene beruht darauf, dass mit dem willkürlichen Verfahren der „Judenschau" ohne Beweisführung „der Jude" und „der Mörder" in einer Person gefunden werden soll. Auf der einen Konfliktseite stehen die Besatzer, die „Schwarzen", sowie die apathischen Andorraner und auf der anderen Seite Barblin, Andris Vater und Stiefmutter, die vergeblich um Gehör bitten bzw. zum Widerstand auffordern.

Test 4

a) Einleitung (Stellung der Szene im Gesamtdrama, Zusammenfassung des Szeneninhalts etc.)
Im Mittelpunkt des Zwölften Bildes steht, nachdem Andorra von den feindlichen „Schwarzen" besetzt worden ist, die so genannte „Judenschau". Bei dieser Prozedur soll unter den Andorranern „der Jude" und zugleich ein Mörder durch den „Judenschauer" ermittelt werden. Zu diesem Zweck werden alle Andorraner von Soldaten zusammengetrieben und durch verschiedene Maßnahmen eingeschüchtert. Dann werden sie einzeln dem „Judenschauer" vorgeführt. Die „Judenschau" ist die Eskalation des Antisemitismus, der schon die vorangegangenen Szenen bestimmt.

b) Hauptteil/Erster Abschnitt (zentrale Figuren etc.)
Trotz Protesten und Aufrufen zum Widerstand durch Barblin, Andris Halbschwester und Verlobte, durch Andris Vater und seine Siefmutter wird Andri durch schweigende Beendigung der Prozedur durch den „Judenschauer" abgeurteilt: Offenkundig wird er für schuldig befunden, Jude und Mörder seiner eigenen Mutter zu sein. Er wird abgeführt und ihm wird offenbar ein Finger abgehackt, weil er sich weigerte, den Ring seiner ermordeten Mutter abzugeben.
Die Andorraner gehen danach zur Tagesordnung über. Andris Vater aber erhängt sich, und Barblin wird wahnsinnig.
Unter den zusammengetriebenen Andorranern betreiben einige schon eine Vorverurteilung Andris als jüdischen Mörder. Der angekündigte „Judenschauer" wird fraglos als Autorität betrachtet, ohne dass ihn jemand bisher gesehen hat.
Alle Versuche, die Andorraner auf die Wahrheit aufmerksam zu machen und sie zum Widerstand gegen die „Judenschau" zu bewegen, scheitern an deren Vorurteilen, ihrer Apathie und ihrer Feigheit: Als Barblin laut zum Widerstand aufruft, gibt es keine Reaktion, und sie wird von den Soldaten abgeführt. Die Tatsache, dass Andri Geld aus der Tasche fällt, wird als Beweis seiner jüdischen Herkunft und damit als Beweis seiner Schuld betrachtet. Auch als Andri Gewalt angetan wird, lehnt sich keiner von den Andorranern auf.

Rasch sind sie bereit alles zu vergessen und zur Tagesordnung überzugehen. Nur Andris Vater und Barblin klagen an und werfen ihnen vor, sich schuldig gemacht zu haben. Nur diejenigen, die mit Andri familiär verbunden sind, leiden unter seiner Aburteilung: Andris Vater erhängt sich, und Barblin wird wahnsinnig. In ihrem Wahnsinn streicht sie den ganzen Ort mit weißer Farbe an – ein demonstrativer Akt, um den Andorranern ihre Schuldverdrängung vor Augen zu führen.

c) <u>Hauptteil/Zweiter Abschnitt (offener oder geschlossener Schluss?)</u>
Die Schlussbemerkung Barblins zeigt, dass sie nicht vergessen kann, dass auf Andorra eine unbearbeitete moralische Hypothek liegt. Offen bleibt also die Frage, was sich aus Barblins Mahnen im weiteren Fortgang noch entwickeln könnte. Aber die Antwort auf diese Frage wird nicht mehr auf der Bühne gegeben, sondern ist dem Zuschauer überlassen.

d) <u>Hauptteil/Dritter Abschnitt (Form, Wirkung, Aussage)</u>
Allein das Ritual der „Judenschau“ charakterisiert das Drama Max Frischs als parabolisches Stück: Hier wird nicht einfach irgendeine Realität abgebildet, sondern hier wird etwas exemplarisch in Szene gesetzt.
Die Szene weist eine Reihe von Verfremdungseffekten auf (das Ritual der „Judenschau“; der „Jemand“; Barblin, die ungehindert immer weiter alles anstreicht usw.), die deutlich machen, dass hier eine eigene Theaterwirklichkeit konstruiert wird. Sie weisen aber zugleich ähnlich wie ein Zerrspiegel darauf hin, dass hier ein sozialer und politischer Mechanismus auf der Bühne vorgeführt wird, der viele Entsprechungen in der politischen Wirklichkeit besitzt. So erinnert besonders das Zwölfte Bild an Praktiken der nationalsozialistischen Diktatur mit ihrer Willkür und ihrer Grausamkeit.
Das Leiden der Hauptpersonen Andri, Barblin, Vater und Mutter wird zwar deutlich, und es gibt durchaus einen Mitleidseffekt beim Zuschauen. Aber dieses Mitleiden ist nur beschränkt möglich, weil die seelische Pein dieser Personen nicht ungehindert geäußert werden kann (der Mutter wird z. B. das Wort abgeschnitten, Barblin abgeführt) bzw. außerhalb der Bühne stattfindet (Andris Verstümmelung, der Selbstmord des Vaters). Allerdings bekommt diese beschränkte Darstellung des Leidens auf der Bühne dadurch auch eine besondere Intensität: So verdeutlicht der Schrei des nicht mehr sichtbaren Andri vielleicht stärker die Unmenschlichkeit der Prozedur der „Judenschau“, als wenn auf der Bühne eine grausame Handlung zu sehen wäre.

Die Darstellung des Verhaltens der Andorraner hat einerseits etwas Bedrückendes: Der Zuschauer sieht sich in ihre Lage versetzt und an eine KZ-Situation erinnert, andererseits wirken sie aber auch abstoßend in ihrer feigen, vorurteilsbeladenen Geschwätzigkeit. Diese beiden Wirkungspole könnten beim Zuschauer eine Auseinandersetzung mit feigem Mitläufertum und politisch-sozialen Vorurteilen bewirken.
Die heuchlerische Moral der Andorraner wird in der Person des Paters, also eigentlich eines Moralvertreters, besonders deutlich: In der Gegenüberstellung der moralisch und emotional tief verletzten Barblin und des eigentlich emotional unbeteiligten Paters wird die Amoralität der Andorraner, die Verdrängung jeglicher Mitschuld am Geschehenen besonders deutlich.
Mit diesem Schluss wird noch einmal veranschaulicht, wohin Feindbilder und politische Feigheit führen können.
Die eigentliche Heldin des Dramas ist Barblin, die nicht aufgibt, an das grausame Geschehen zu erinnern, die leidet und trauert. Dies könnte auch ein Hinweis auf die Moral des Stückes sein: Ein Volk sollte um die schlimmen Ereignissen in seiner Geschichte trauern, sie also nicht vergessen und damit vielleicht die Chance für eine andere Zukunft schaffen. Barblins Warten auf Andris Rückkehr hat allerdings auch etwas Vergebliches. Schließlich ist sie in ihrem Leid wahnsinnig geworden. Man kann den Schluss des Dramas also nicht als optimistisch bewerten.

e) Schluss (Zusammenfassung, Bedeutung für Gesamtaussage)
Im Zwölften Bild des Dramas „Andorra“ geschieht zwar Schockierendes, aber nicht völlig Unerwartetes oder Unvorbereitetes: Von der ersten Szene an werden das antisemitische Feindbild der Andorraner einerseits und ihre Angst vor den „Schwarzen“ andererseits vor dem Zuschauer ausgebreitet.
Aus dem Feindbild wird die Akzeptanz von willkürlicher Gewaltanwendung, und aus der Angst wird politische und moralische Feigheit. In mehreren Szenen des Dramas wird deutlich, dass das antisemitische Feindbild und die Angst in Andorra weit verbreitet sind und sozusagen zum Alltag gehören. Die letzte Szene stellt insofern nur eine konsequente Eskalation der vorangegangenen Szenen dar.
Der offene Schluss bewirkt mit seiner wahnsinnig gewordenen Heldin beim Zuschauer wahrscheinlich keinen Optimismus, sondern eher eine pessimistische Ratlosigkeit.

Quellenverzeichnis

S. 7 f.	Peter Bichsel „Die Tochter“ aus: Eigentlich möchte Frau Blum den Milchmann kennenlernen, © Suhrkamp Verlag, Frankfurt am Main 1993.
S. 12 ff.	Heinrich Böll „An der Brücke“ aus: Heinrich Böll, Erzählungen, © 1994 by Kiepenheuer & Witsch, Köln.
S. 15 ff.	Ernest Hemingway „Alter Mann an der Brücke“ aus: Gesammelte Werke Bd. 6, Rowohlt Verlag, Hamburg.
S. 19 ff.	Günther Weisenborn „Zwei Männer“ aus: 1 000 Gramm, Sammlung neuer deutscher Geschichten, hrsg. von Wolfgang Weyrauch, © Margarete Weisenborn, München.
S. 26 ff.	Ernest Hemingway „Das Ende von Etwas“ aus: 49 STORIES, deutsch A. Horschnitz-Horst, © 1950 by Rowohlt Verlag, Hamburg.
S. 33	Marie Luise Kaschnitz „Ein ruhiges Haus“ aus: Steht noch dahin, © Insel Verlag, Frankfurt am Main.
S. 35	Bertolt Brecht „Maßnahmen gegen die Gewalt“ aus: Gesammelte Werke, © Suhrkamp Verlag, Frankfurt am Main 1967.
S. 37	Franz Kafka „Der Aufbruch“ aus: Franz Kafka, Beschreibungen eines Kampfes, Fischer Taschenbuch Verlag, Frankfurt am Main 1983.
S. 39	Bertolt Brecht „Zwei Fahrer“ aus: Bertolt Brecht, Geschichten vom Herrn Keuner, Suhrkamp Verlag, Frankfurt 2003.
S. 43 ff.	Friedrich Dürrenmatt „Der Richter und sein Henker“, „Der Verdacht“, Diogenes Verlag, Zürich 1986.
S. 56 ff.	E. T. A. Hoffmann „Das Fräulein von Scuderi“, Reclam Verlag, Stuttgart 2002.
S. 68	Friedrich Hebbel „Wenn die Rosen ewig blühten“ aus: Friedrich Hebbel, Gedichte. Eine Auswahl, Reclam Verlag, Stuttgart 1977.
S. 69,74	Erich Kästner „Sachliche Romanze“ aus: E. Kästner, Gedichte, Reclam Verlag. Stuttgart 1987.

S. 70	Johann Wolfgang von Goethe „Freudvoll und leidvoll" aus: J. W. von Goethe, Egmont, Werke Bd. 4, Deutscher Taschenbuch Verlag, Hamburg 1998.
S. 71, 90	Bertolt Brecht „Die Liebenden" aus: Gesammelte Werke, © Suhrkamp Verlag, Frankfurt am Main 1967.
S. 75	Eugen Roth „Herz" aus: So ist das Leben – Verse und Prosa, © Dr. Eugen Roth Erben, München.
S. 76	Joseph von Eichendorff „Mondnacht" aus: Werke, Winkler Verlag, München 1970.
S. 77	Ernst Jandl „schtzngrmm" aus: Ernst Jandl, Laut und Luise, Reclam Verlag, Stuttgart 2003.
S. 78	Timm Ulrichs „stets" aus: Eugen Gomringer (Hrsg.), konkrete poesie, RUB, Stuttgart 1972.
S. 79	Kurt Tucholsky „Augen in der Großstadt", Rowohlt Verlag, Reinbek b. Hamburg 1985.
S. 82	Günter Eich „Inventur" aus: Walter Hinck (Hrsg.), Gedichte und Interpretationen, Reclam Verlag, Stuttgart 1982.
S. 84	Martin Opitz „Ach Liebste/laß uns eilen" aus: Gesammelte Werke Bd. 2,2, Hiersemann, Stuttgart 1979.
S. 88	Johann Wolfgang von Goethe „Der Fischer" aus: J. W. von Goethe, Werke Bd. 1, Deutscher Taschenbuch Verlag, Hamburg 1998.
S. 94	Bertolt Brecht „Erinnerung an die Marie A." aus: Bertolt Brecht, Gedichte, Suhrkamp Verlag, Frankfurt am Main 2002.
S. 98 ff.	Max Frisch „Andorra", Suhrkamp Verlag, Frankfurt am Main 1999.
S. 99 ff.	Friedrich Dürrenmatt „Der Besuch der alten Dame", Diogenes Verlag, Zürich 1986.
S. 100 ff.	Friedrich Schiller „Wilhelm Tell", Reclam Verlag, Stuttgart 2000.
S. 105 ff.	Bertolt Brecht „Der gute Mensch von Sezuan", Suhrkamp Verlag, Frankfurt am Main 2003.
S. 121	Gerhart Hauptmann „Die Weber", Ullstein Verlag, München 2003.